最後の英語やり直し！

勝間和代

毎日新聞社

はじめに

この本は、私のように、学生時代に全く英語に興味がなく、スルーしていたところ、社会人になって突然英語が必要になって、基礎も何もないところから、なんとかビジネスで使える英語を身につけたい人のための本です。

今では、英語でインタビューをしたり、翻訳本まで手がける私ですが、なんせ、大学を卒業して初めて受けたＴＯＥＩＣ《トーイック》の点数が４２０点。ＴＯＥＦＬ《トーフル》の４７０点の方が高い有り様でした。

ＴＯＥＩＣは９９０点満点ですから、その点数が、６７７点満点（ペーパー版のテスト）のＴＯＥＦＬより下回るのは、かなり悪いと言えます。しかも、この点数は、現在のインターネット版のＴＯＥＦＬに置き換えると、１２０点満点中の52点相当になります。おそらく、いま本書を読んでいる人で、これより低い点数の人はほとんどいないのではないかと思います。

でもそこから一念発起。ああでもない、こうでもない、と試行錯誤を続けたところ、いまではほとんど不自由ないまでに至りました。

いったい、どんなふうにそうなったのか、1つのケーススタディとして、ぜひ聞いていただきたいと思います。

ただ、この方法が万人向きかどうかは分かりません。しかし、いろいろな人の体験談を聞くことで、いろいろな新しい学習のヒントがあると思いますので、1つでも、2つでも、そのヒントを手に入れることができたら、きっとこの本の購入代金や、読んでくださった時間は回収できるのではないかと思います。

英語ができるとどんないいことがあるのでしょうか?

当たり前ですが、日本人以外の人と普通に会話ができるようになります。最近ですと、友人のトライアスロンの応援にホノルルに行ったのですが、本番の前日、みんなでゴルフに行きました。ただ友人たちはみな、トライアスロンの準備のためハーフで切り上げ、残りハーフは友人の友人である、アメリカ陸軍の大佐と二人で回ることになったのです。

どうでしょう、このときに、もしあなたが英語が苦手だとしたらどんな心境になると思いますか?

私は幸い、相手の言っていることの聞き取りや、日常会話にはほぼ支障がない程度には英語ができますので、二人で話し込みながら、楽しくゴルフをラウンドして、その頃のベストスコアまで出すことができました。軍隊の話、戦争の頃の話、そしてゴルフのコツまでいろいろと教えてくれたのです。

英語ができてよかった、と思うのはこういうときです。

もし英語ができなかったら、いやぁ、もう、ドキドキしてしまって、ゴルフどころではなかったと思います。そもそも、それ以前に友人たちも、私が英語ができなかったら、一人でネイティブの大佐のところには置いていかなかったことでしょう。

もちろん、私もみなさんと同じで、社会人になったばかりの頃は、英語はただの音楽でした。はれほれは――、という感じで、ちょっとした単語も分からず、辞書を引いてもよく分からず、さぁ、困ったという状態でした。

だからこそ、いま困っている人たちが、どういうステップを踏めばなんとかなるのか、伝えていきたいのです。ある意味、世の中に出回っている英語の本は専門家か、初めから比較的英語がよくできた人の本が多くて、まさか、TOEIC420点から始まっている英語の習得ノウハウ本はほとんどないからです。

もともとは、勝間塾という私が主宰している私塾の塾生に毎日配信される「サポートメール」で、メルマガとして展開したのがこの本の元になっています。それを『英語を勉強し直そう』というタイトルの電子書籍で出版したところ、ほかの本とは全く違うような反響で、もっともっと詳しいことを知りたいという声が多くありました。その本は1万数千字の少ない分量だったので、一気にいろいろと加筆をして作り上げたのがこの本です。

加筆した部分は、特に、出版元である毎日新聞の編集者さんたちが、実際に何に苦労しているのかということをインタビューし、議論した上で、その部分をより詳しく書いています。

また、毎日新聞で、漫画家の瀧波ユカリさんと組んで連載している「勝間和代のクロストーク」というコラムでも英語の学習方法について書いていて、その一部の原稿も含めました。

いずれにしても、英語は自転車やスキーなどのスキルにすごく近いと思っています。乗れるようになると、あるいは滑ることができるようになると、一生乗れるし、なぜ乗れなかったのか分からないと思いますが、それにはそれなりの訓練と体感が必要です。

ぜひ、一種の技能、スポーツだと思って、いろいろなやり方を共有させてください。

特にこれまでの英語教本と大きく違う点は、「万能薬」や「コツ」を探すのではなく、「十分な英語のための知識をどうやって蓄積するか」ということに重点を置いていることです。みな、発音や文法にこだわりすぎなのですが、本当に必要なのは、英語を使いこなすための十分なボキャブラリーや言い回しや文章です。それがないままにいくら発音や日常会話を覚えても仕方がありません。

ぜひ、あなたの英語の勉強方法を一緒に見直していきましょう。

勝間和代

最後の英語やり直し◎目次

はじめに　3

第1章
「コツ」から「蓄積」へ　11
――あなたの英語学習イメージを変える

第2章
私も英語で苦労した　35
――外資系の「落ちこぼれ」だった私

第3章
英語であなたの世界は60倍に広がる
――「象さん（感情）」への動機付け　59

第4章
語彙が増えなければ意味がない
――安く、楽しく、英語をインプットする方法　103

第5章
「日本語なまり」で問題なし
――アウトプットのために　167

第1章
「コツ」から「蓄積」へ
――あなたの英語学習イメージを変える

永遠の売れ筋

みなさんは、英語学習とそっくりなもの、ご存じですか？ それは「ダイエット」です。どちらも、多くの人が関心を持っている割には、なかなか実現できない。だからこそ、書店に行くと、英語学習本やダイエット本は、永遠の売れ筋であり、必ず何冊もベストセラーにランクインします。

そして、その2つは同じようなタイトルがつきます。

英語の場合は、「英語は○○」という本が多いのです。○○には、「発音」だとか「前置詞」だとか「動詞」だとかが入ります。「英語は前置詞だ」「英語は冠詞だ」「英語は動詞だ」「英語は発音だ」「英語は単語だ」――これらはすべて実際にある本です。いったい何が何だか、分かりませんよね。

一方、ダイエットは、「○○だけダイエット」というパターンが多いのです。「寝るだけダイエット」「まわすだけダイエット」「計るだけダイエット」「巻くだけダイエット」「塗るだけダイエット」「噛むだけダイエット」「食べるだけダイエット」……ちょっと検索するだけで、こんなにありました。

私はこういった本を「万能薬シンドローム」と名付けています。あるいは、難行・苦行の逆で「易行《いぎょう》」と読んでもいいかもしれません。要はみんな、ムシがいいのです。あまり苦労をせずに、時間をかけずに、これだけやればばっちり、みたいなものを探しています。まぁ、言ってしまうと、宝くじを買う感覚と同じですよね。

タイトルが似ているというのは、どちらのジャンルでも、1つのコツ、1つのテクニックで、問題が一挙に解決するような印象を与えるところです。なぜでしょうか。それをみんなが求めているからです。

そして、これだけ多様なコツ、テクニックが同時に売り出されているということは、逆に、「これだけ」で解決するような決定的テクニックが、どちらのジャンルにも本当はない、という証明のようにも思えませんか。

万能薬シンドロームについて、古代では「グノーシス主義」という思想で呼ばれていました。グノーシスとはギリシャ語の「知識・秘教」のことで、ある秘められた知識に到達すると魂が救われる、という宗教です。

今でも、「1つのアイデアですべてうまくいく」というような考えを、比喩的にグノーシス主義と言ったりします。ダイエット市場でも、英語教育市場でも、そうした、万能薬探し、あるいは、グノーシス主義が横行しているからやっかいなのです。そして、もしあなたがそれを求めているのであれば、この本は不向きでしょう。

ある知り合いの編集者が、こんなことを言っていました。

「ダイエット本と英語本は、永遠の売れ筋です。なぜなら、ダイエットも英語も、ほとんどの人は永遠に失敗するから、何度でも買ってくれる」

そう、もしあなたの本棚にグノーシス主義の本が並んでいるとしたら、それは著者や出版社のよいお得意さんになっているのかもしれません。

時間の問題

誤解のないように言えば、私は、そうした本や教材、1つ1つのテクニックが、まったく無駄だと言いたいのではありません。実際、とても役立つ本も多いですし、また、目から鱗が落ちるような内容が含まれていることも多々あります。ただ、食事の栄養、バランスと同じで、「○○だけ」では効果が十分にならないのです。

のちほど詳しく述べますが、私自身、必要があって英語を学び始めたときは、目の前の本や教材をありったけ買ってきたものです。それこそ、英語教材コーナーに行っては、めぼしいものを買いあさり、通信教育もたくさん受けました。それがすべて無駄だったわけではありません。ただ、本当にヒントとして役立ったのはそのうち10分の1くらいだったでしょうか。それよりは、自分の試行錯誤の方が役立ちました。

結局、学習の正体は「試行錯誤」だと私は思っています。さまざまなやり方を試して、自分なりに取捨選択して、その中で自分に合ったもの、役立ったものを残すしかないわけです。だからこそ、◯◯だけ、では役に立たないし、また、やり方自体を自分で開発できなければ、英語学習そのものの深みも薄れてしまいます。自転車も、スキーも、うまくいかない方法を知って、初めてバランスが上手にとれるようになるのと同じです。

したがって、英語学習における、第一原則は、

1　英語学習には時間がかかる

ということです。これをまず認めることが必要です。みな、それを認めないから、◯

○だけに走る、あるいは、そもそも諦めてしまう、ということになります。
　具体的にどのくらいの時間がかかるかは、このすぐ後に書きます。たしかに個人差があるでしょう。それでも、どんな天才でも、まったくできなかった人が数日でできるようにはなりません。まして、一冊の本を読んだだけでできるようにはなりません。赤ん坊が日本語をしっかり話せるようになるため、何年かかっていますか？　母国語ですらそんなにかかるのに、母国語でない英語を学ぶのに、数カ月や1年でできるわけがないじゃないですか。

　このことを強調するのは、英語教材や、英会話スクールなどが、週末留学のような言い回しで、時間をかけずに英語力をつけられるかのような幻想を与えることがあるからです。そういうのに騙されてはいけません。

　そして、この第一原則とともに、すぐに付け加えておかなければならない、第二原則があります。

2　時間さえかければ、英語がうまくなる、わけではないこれは、この本を読んでいるみなさんには、ぐさっと心に「刺さる」言葉でしょう。
そう、やる気もあり、時間もかけてきたつもりで、ラジオ英会話をせっせと聞いたり、英会話スクールに通ったり、TOEICの勉強をせっせとしたにも関わらず、できるのがなんとか聞き取りが少し、ましてスピーチになるととてもとても、という人たちが平均的な、

「英語を勉強したけれども、いまいち身につかなかった日本人」

だと思います。なんせ、英語を学びたいと思う人は日本人100人に声をかけるとほぼ全員がそうだといいますが、実際に英語を使える人は、片手くらいでしょうか。ここでできる、というのは、英語の読み書き、聞き取り、会話に日常やビジネス会話ではほとんど不自由しない、英語でトラブルがあったときにも交渉ができる、というイメージです。英語圏に一人で旅行や出張に行ける、ということですね。

私はこの本が出版される頃、ハワイのマウイ島でゴルフレッスンを受けているはずです。もちろん、コーチもネイティブ、生徒もほとんどがネイティブです。

コーチは、ビジョン54という指導法で、宮里藍さんや、アニカ・ソレンスタムさんなど一流のプロゴルファーたちを教えた方たちで、私がゴルフを一所懸命習っているとい

うことを聞いた知り合いが声をかけて、誘ってくれました。それに一人で、まるで国内合宿のような感覚で参加できるかどうかは、英語に対するハードルの高さ・低さであり、ぜひ、あなたの行動範囲を広げるためにも、英語をこれからの人生の最大の武器の一つにしてほしいのです。

1000時間

さきほどから、英語学習には時間がかかると強調してきましたが、それでは、具体的に、どのくらいの時間をかければよいのでしょう。まず、ある程度使えるようになるまでが1000時間、熟達するまでが1万時間が一つの目安だと思います。

1万時間の法則については、私が訳した本『天才!』(マルコム・グラッドウェル著、講談社刊)の中でも、さまざまな事例が出てきますが、私たちの脳のシナプスがす――っとつながって、あまり思考力を使わなくても何かの技ができるようになるまでは、やはり1000時間とか、1万時間が必要なのです。特にこの1万時間の法則は、英語やスポーツのように、

「ある程度、法則性があり、ルールが変わりにくいもの」に効きます。これがたとえば会社の経営や新製品開発とかですと、必ずしも長時間関わっていることがセンスがいいとは限りません。なぜなら、市場のルールがどんどん変わっていくからです。一方、英語は緩やかには変化しますが、それでも基本は同じだから、適切な勉強をすればするほど、身につくわけです。

もちろん、1000時間と聞くと、長く感じるかもしれませんが、後で説明していく〝ながら勉強〟などを併用すれば、意外とそうでもありません。だいたい早い人で1年、そうでない人でも3年あれば十分でしょう。

長期記憶について、

●エピソード記憶（昨日の夕食のメニューなどの自伝的出来事、水害などの社会的出来事の記憶）

●意味記憶（家族の名前や誕生日などの個人的な事実、言葉の意味などの社会的に共有する知識の記憶）

●手続き記憶（自転車の乗り方やダンスの仕方など体で覚えた記憶）

に分かれるのはご存じでしょうか？

英語をみな、意味記憶で覚えようとするのですが、実はそうではなくて、手続き記憶によって覚えてしまうことが重要だと私はずっと言っているのです。手続き記憶は、意識しなくても使える記憶です。そこまで英語を蓄積させるわけです。

英語は、そのくらいの時間を費やしたあとに、スーッと分かってくるものなのです。1000時間から1万時間、と言われますが、この本を読んでいる人は、もうある程度、英語の素養がある人だと思うので、1000時間で大丈夫でしょう。

1000時間とは、1日1時間として、約3年です。これは、実際に、私が、ビジネスレベルで英語が使えるようになるまで要した時間でした。もちろん、当時は社会人もしていますから、ながら勉強です。隙間時間、特に通勤時間帯を使って、ひたすら毎日、さまざまな学習教材で自習しました。家で料理をするときにも、英語のテープをかけっぱなしにしていました。

もっと時間が使える人なら、1日3時間の強化スケジュールで丸1年でいけます。英語圏に留学して、起きている間じゅう、1日12時間を英語しか使わない生活の中でがんばれば、約3カ月で十分です。なんとなくイメージが湧いたと思いませんか？

実際、私がまだRとLの発音の違いがうまくできなかった頃、1週間ほど海外に出張に行って、約100時間ほど英語のシャワーを浴びて帰ってきたら、その翌週の英語レッスンから突然、ほぼ完璧にネイティブが聞き取れるほどにRとLを言い分けられるようになっていて、先生が、

「あんなに僕がここで教えてもだめだったのに、1週間でそんなに変わるんだ」

と驚愕していました。

英語は感覚器で音声や文字をとらえて、それを頭の中で意味にすることです。そのときに、いちいち遅い記憶を通じていたら、いつまでたっても言葉になりません。だからこそ、手続き記憶が使えるまでたたき込むのです。

よく、英語を何年も習っているのにできないと嘆く人、それは、要は学習時間が足りないのです。1週間に1回、2時間、英会話スクールに通う、あるいは、スカイプSkype（無料のインターネット電話電話サービス）レッスンを受けるのでは、1000時間達成するのに何年かかりますか？　計算すると分かりますが、15年くらいかかってしまいます。それではダメですね。とにかく、ポイントは「年数」ではなく「累積時間数」なのです。

だいたい、そんな感じです。私の経験と、周りの人たちの様子を見ても、1000時

間がひとつの基準です。

これらの時間は、一見、長く感じるかもしれませんが、勉強の仕方を間違えず、この程度の時間さえかければ、ほぼ誰でもできるのです。それによって得るものの大きさを考えれば、1000時間は決して長くありません。収入もアップし、人脈も広がり、海外に自由に行けて、日常で英語系の情報でも、ゲームでも、映画でも、食べ物でも、なんでも楽しめるわけです。ある意味、ほかの学問と比べても究極にコストパフォーマンスがいい学習と言っても過言ではないでしょう。

ここで、私の言っている「英語ができる」状態が、どのくらいのレベルの「できる」状態なのか、気になる方がいるでしょうが、それはすぐ後に話すとして、まずこの「1000時間」の学習の中身を考えてみましょう。

あなたは、英語ができる、できないに関わらず、実は、あなたの人生時間の1000時間くらいは、すでに英語学習に使っているはずです。

まず、中学・高校の授業で週に何時間も学んでいます。人によって塾でも学んだ人がいるでしょう。そして、テストの前には必ず一夜漬けかもしれませんが、頭にさまざまな英語をたたき込んだはずです。

大学に行った人は、これに、大学受験勉強と、大学での授業の時間が加わります。大学に行かなかった人でも、この本を手に取るほどの人ならば、本や教材を買って勉強したり、英語学校に通ったりしているでしょう。その時間をすべて合わせれば、1000時間は超えているはずです。

それなのに英語が実用レベルで使い物にならないとすると、何がいけなかったのでしょうか。

学校英語の欠陥はすでにさんざん指摘されていますから、ここでは繰り返しません。あえて1つだけ言うとしたら、「英語の授業の大半は、実際には日本語だけに触れており、実質的に英語に触れている時間はその1時間の10％くらいしかない。日本語で英語を教わるのは効果が薄い」ということです。文法でも、単語でも、英文和訳でも、なんでもいいですが、いずれにしても英語に直に触れている時間が少ないのです。たとえばラジオ英会話の授業なども、スキットを流している部分はほんのわずかで、その大半は日本語による解説になっています。

私たち以上の世代の人はほぼ全員、日本人の先生に、日本語で、英語を教わっています。「鉛筆のことを、英語では、pencilと言います。それでは言ってみましょう。pencil」。

こういう授業を受けてきました。これでは、仮に授業時間が1時間だったとしても、ほとんどは日本語を聞いているのです。1時間の英語学習とは認められません。せいぜい、10分というところでしょう。そうすると、1000時間勉強したつもりでも、実は100時間ちょっとしか受けていないことになります。

外国語を学ぶとき、母国語で説明を受けながら教わるのは当然だと思っているかもしれませんが、本当にそうなのでしょうか？　私たちが母国語を中心に外国語を理解するのはもちろん必要ですが、ただ、勉強するときには母国語をベースにするときと、外国語をベースにするときと両方あっていいということです。

英語にしても、生徒の母国語を話さない外国人教師から学んでいるほうが、世界全体では多いのではないかと思います。日本人も、明治の第一世代は、日本語が分からない外国人から直接外国語を学びました。私が短期留学したセブ島の語学学校の先生も、みな、英語でアジア人に直接教えていました。

母国語で外国語を教われるのは、親しみやすく、たしかに恵まれたことなのですが、その分、時間的な効果が薄まります。せっかく英語の回路を頭の中に設計しようとしているのに、それを日本語という別の回路を使う時間を増やしてしまうためです。

それが分かってきたので、今の子供たちの受けている授業は、日本語をあまり話さない外国人によるものや、教師は日本人だけれど英語だけで行われるものに、変わってきていると思います。

つまり、私たちの世代の英語学習は、実際には残念ながら、時間分の英語の中身がなかったのでした。「濃度」で言えば、せいぜい４分の１、下手したら10分の１くらいしか「英語」が入っていなかったのです。

もちろん、無意味だったわけではありません。基礎的な蓄積にはなっています。しかし——あなたとしてはさんざん勉強してきたつもりでいても——正味の学習時間が足りていなかったと考えるべきです。

同じ理由から、日本語の解説部分が多いテレビの英語教育番組や英語教材も、あるいは英文和訳も、英文解読も、あまり役に立ちません。

私がここで言う「１０００時間」とは、「英語だけに接する時間」であることを、強調しておきたいと思います。あなたは英語を勉強しているようで、日本語を勉強していませんか？　そのトラップにぜひ、気づいてください。

「蓄積」のイメージ

●英語学習の本質は、「英語との十分な接触時間」である。
●英語は、十分な接触時間さえ費やせば、必ずできるようになる。
●あなたの英語学習の効果が上がらないのは、英語との接触時間が不足していたから。

前述したとおり、英語はスポーツなどと同じ種類の技能なのです。いちいち、英語を聞いているときに、私たちの意味記憶という遅い回路を使って翻訳をしていたら、相手の言うことは聞き取れないに決まっているし、自分が言うこともたどたどしくなります。私たちが日本語を聞いているとき、使っているときに、いちいち遅い回路を使いますか？　使いませんよね。それと同じことで、

Apple

と聞いたら、頭の中で「りんご」という日本語が思い浮かぶ前に、「リンゴの絵とに

おい」が思い浮かぶようにならないといけないのです。

この私の主張を、もう少し補強しておきます。

この章の冒頭で、英語について、1つのコツやテクニックで「できる」ようになるような幻想が振りまかれている、という話をしました。言い方を換えれば、そういう話に騙される人が、「できない」人の特徴だと思います。英語は、コツやテクニックというより、膨大な「知識」の蓄積なのです。「できない」人は、ぜひ、あなたの中の英語学習イメージを変える必要があります。「コツではない。蓄積だ」と。

あるいは、コツやテクニックという言葉を使うなら、こういうふうに考えるべきです。「英語は、1つや2つのコツでは習得できない。1000とか2000とかのコツが蓄積されて、初めてできるようになる」

ですから、1つ1つのノウハウ本、テクニック本の知識は役に立ちますが、それはあなたが求めている1000のコツのうちの1つでしかない、ということです。

視覚的イメージとしては、ピラミッドを思い浮かべてください。ピラミッドの頂点に、英語をほとんど不自由なく聞いたり話したりしているあなたがいます。その下には、知識やコツを、ブロックの1つ1つのように、長い時間をかけ、積み上げてきたあなたの経験があります。その蓄積を土台にして、初めてあなたは英語を話せているのです。ボキャブラリーも、発音も、文法も、イディオムも、スペルも、みな、あなたのピラミッドを組み立てている部品です。その部品の数が多くて、構造がしっかりしているほど、より高いピラミッドになります。

何度も英語の比喩として使ってきましたが、スポーツを真剣に習得したことがある人には、私の言いたいことは伝わりやすいと思います。何も特別なことを言っているわけではありません。

私は2年前、ゴルフを始めましたが、ゴルフを覚えるのも英語を覚えるのも一緒だと感じました。まったくできなかったところから、コツを1つずつ覚えていく。最近、やっとスコア100前後で回れるようになったところです。

今もたいしてうまくありませんが、それでも、私の中に「ゴルフのコツ」はすでに数百も蓄積されているはずです。それで、やっと、仲間にそれほど迷惑をかけずにラウンドを回れるようになっています。先日は、とうとうベストスコア90を出しました。

そこにはもちろん、先生に習い、自分で復習し、試行錯誤し、たくさんの本を読み、といった、英語と非常に似た学習プロセスがありました。その結果、初めはゲームにならなかったのが、なんとかパー4のところを倍の8で回ることができるようになり、それがトリプルボギー、ダブルボギーとなって、いまなんとか、ボギーくらいで回れるようになったわけです。

そこに蓄積されたのは、クラブの握り方、ボールを置く位置、振り上げる位置、インパクトの時の首と手の距離のイメージ、ボールとクラブの軌道のイメージ、ボールとクラブの高さのイメージ、スピードのイメージ、フォローのクラブのイメージなど、もう、きりがないほどの小さなコツの塊です。しかも、それが頭で画像でイメージできるだけではなく、自分の身体がそのように動かないといけないのです。

スポーツをやった人は、ものごとを習得するのはそういうことだと知っています。コツコツ積み上げていくことだ、と。スポーツでなくても、ピアノでも、麻雀でも、すべてそうでしょう。「うまい」と言われる領域に達するには、時間がかかり、たぶん、かなりの「授業料」も払っています。私も、ゴルフは2年間で70ラウンドくらいは回りましたし、クラブを2回買い換え、コーチを2回代えて、週に数回は練習し、という繰り返しでした。それはもう、そういうものだと知っているからです。

しかし、そういう「コツコツ」系の技能習得の経験がない人もいます。コツコツと積み上げることが苦手な人もいます。そういう人が、「コツコツ」ではなく、「コツ」1つで何とかならないかと幻想するのです。

ちなみに、私はこのコツコツ系の技能習得、結構好きで、小さい頃の珠算やエレクトーン、スキーに始まり、スカッシュ、バイク、ゴルフ、麻雀、クイズ、英語など、けっこう多岐にわたって手続き記憶系の学習を積み上げてきました。この原稿も親指シフトという、ちょっと変わったキーボード入力方法で書いていますが、これは「指がしゃべる入力」といわれていて、カナ入力なのに手をホームポジションから全く動かさなくていい、という画期的な入力方法です。ただ、技能習得にそれなりの時間がかかるため、敬遠する方が多いようですが、私はそれこそ、小さい頃からエレクトーンを習っていて、左右で違う動きを指で同時にすることに慣れていたので、比較的短期間で覚えることができました。手続き系の技能は、ほかへの転用が可能なのです。

そして、英語学習1000時間は、毎日1時間で3年だ、と前に言いました。この「毎日」ができない人が、結局は多いのです。

最初に、英語学習とダイエットは似ている、と言いました。ダイエットに失敗する人も、やはりこの「毎日」ができない人が多いのではないでしょうか。要するに、続かない、ということです。

英語学習でも、教材を買って来たのはいいけれど、効果がないように思えて、１週間でやめてしまう。しばらくして、また別の教材に飛びついて、同じように続かない。

自分は根気がないからダメだ、とあきらめないでください。人間は機械ではないですから、退屈だったり苦痛だったりすることを、ただ繰り返すことはできません。それができるのは、それが必要であると心から思っているから、そして、その繰り返しが大きな利益につながることを確信できているからです。

だから、まず、コツコツ続ければ必ずできるようになることを確信することです。そのうえで、学習をなるべく楽しんでできるように工夫しましょう。そう、コツコツ続けることを無理してやるのではなくて、

「無理しなくても、この方法だったらコツコツ続けられる」

という方法を見つける、ということが重要になります。私の場合、英語はオーディオブックAudiobookと映画でした。ゴルフの場合は、近所にできたシミュレーションゲームのできる練習場でした。

何が続けられる鍵になるのかは人によって違うと思いますが、いずれにしても、学習しているときに、脳に「報酬」が感じられないと、私たちは続かないのです。どうやったら続けられるのか、万能薬を探すのではなく、コツコツ続けられるコツを探すことに専念してみてください。

「閾値《いきち》」を超える

ここで、「コツコツ」のイメージについて、大事なことをもうひとつ言っておくべきなのは、この手の時間がかかる技能の上達は一直線ではない、ということです。階段状にうまくなるのです。

これも、スポーツなどをやったことがある人には、言うまでもないことです。10時間の練習をすれば、1時間の練習の10倍うまくなっているかというと、必ずしもそうはなりません。最初の5時間は上達が実感できたのに、あとの5時間はまったく実感できないこともあるでしょう。

練習すればするほど下手になっていると感じることもあります。たとえば、ピアノを毎日練習している人には、そういうことがあるでしょう。それは、たぶん、筋肉などの疲労が蓄積しているからです。数日休めば、元に戻るか、うまくなっているはずです。

そのように、短期的には足踏みがありますが、ある十分な時間を超えると、飛躍的な上達を実感します。

これが、心理学や生理学でいう「閾値《いきち》」です。閾値とは、ある反応を引き起こすのに必要な最小限のエネルギーのことです。

たとえば、今のあなたは、RとLが聞き分けられないかもしれません。毎日毎日、英語を聞き、耳を訓練して、100時間を超えても、まだダメかもしれません。それは、「反応を引き起こすに必要な最小限の」時間に、まだ達していないからです。

しかし、続けていれば、ある日、聞き分けられている自分に気づきます。それが、1000時間目に近い頃かもしれません。いずれにせよ、それが「閾値を超えた」ということです。それはほとんど突然に起こります。それは、私がたった1週間、出張に行って帰ってきたらできたように、です。

そして、できるようになってしまえば、「なぜこれができなかったのか」と不思議に思うほどです。

繰り返しになりますが、英語の学習は、自転車の乗り方を覚えるのに似ています。子供の頃、自転車に乗れるようになったときのことを思い出してください。最初は何度も泣きべそをかいたかもしれませんが、乗れるようになれば、「なぜこれができなかったのか」と不思議に思ったでしょう。

そして、今、自分の子供から「自転車の乗り方を教えて」と言われたら、どうするでしょう。「最初はうまくいかなくても、やってるうちに、できるようになるよ」と答えたとします。しかし、子供が納得せず、「いや、最初からうまく乗れるように、コツを教えてよ」と言われるかもしれません。「それとも、そんなに難しいことなの？」と。

あなたとしては、「本当はそんなに難しくはないんだけど、やっぱり、自分でやって覚えるしかないんだ」と言うでしょう。そして、こう付け加えたくなるのでは。

「信じてほしいんだけど、必ずできるようなる」

英語も同じなのです。

もちろん、同じ自転車もすぐに乗れる人も、何回も転んでようやく覚える人もいますが、いずれにしても、試行錯誤をしていく結果、必ず誰でも乗れるようになる、というのは同じことです。

第2章

私も英語で苦労した

——外資系の「落ちこぼれ」だった私

私の英語

さて、ここまで大口を叩いている私の英語力がどの程度のものか、気になる方もいるでしょう。まずは、実際に見てみてください。以前、毎日新聞社からの依頼で、アメリカ人の複数の著名な著者にインタビューしたときの動画が、インターネットのサイト「毎日動画」(http://mainichi.jp/movie/)に残っていますので、こちらを参照ください。「ニュース」のコーナーで観ることができます。

●ジョン・ウッドさん(『マイクロソフトでは出会えなかった天職 僕はこうして社会起業家になった』著者)へのインタビュー
●ダニエル・ピンクさん(『モチベーション3・0 持続する「やる気!」をいかに引き出すか』著者)へのインタビュー

ジョン・ウッドJohn Woodさんは、マイクロソフトのマーケティング部門幹部から社会起業家に転身した方。途上国に学校や図書館を建てるNPO「ルーム・トゥ・リード room to read」の創設者、共同理事長です。社会企業やNPOのお手本の1つと言われていて、ワインのオークションを利用するなど、こぞって著名人や資産家が楽しんで寄付ができる仕組みを作って、そのお金を教育に充てています。

ダニエル・ピンクDaniel Pinkさんは、クリントン政権のとき、アル・ゴア副大統領のスピーチライターを務め、その後、ビジネス書のベストセラー著者になりました。私の大好きな著者の一人です。だいたい10年くらい前に、今後何が起こるかを的確に予測するので、ダニエル・ピンクさんの著書は必読書です。

お二人とも、人物・実績とも興味深い方なので、ぜひご覧いただきたいと思います。とにかく、英語ができるということは、彼らの著作を原書のまま、翻訳を待たずに読めるし、このようなインタビューの機会に恵まれる、ということなのです。

英語でのインタビューの仕事では、私はなるべく、通訳を外してもらうようにお願いします。日本側の編集者は英語ができない人が多いですから、編集者に内容が分かるように、通訳の方に同席してもらい、問いも答えもいちいち日本語に訳しながらの進行を求められることが多いです。また、最終的には日本語の原稿にするわけですから、その時点で通訳を通しておいた方が、テープ起こしからすぐ原稿にできて便利、ということがあるでしょう。

でも、途中に日本語がはさまると、私の場合、頭が混乱することがあります。脳が「英語脳」になっているのに、「日本語脳」への切り替えをひんぱんに要求されるような感じです。また「英語脳」に戻すのに、時間のロスが生じます（だから、私には通訳は無理です）。それでなくても、英語だけでインタビューすれば20分で済む内容が、通訳を介すると1時間にもなり、時間の無駄に感じます。

だから最近は、仮に通訳が用意されている場合も、英語だけでインタビューさせてもらうように編集部にはお願いしています。幸い、今は英語のテープ起こしも、インドのスタッフを使って安くあげるようなサービスが生まれています。

それはともかく、私の英語は、決して「流暢できれいな」英語だと言えないと思います。

私は、英語が特別に得意だとは思っていません。当然ながら、私より英語がうまい日本人は山ほどいます。ものすごい日本語発音ですし、ボキャブラリーもネイティブに比べたら劣ります。

逆に、この程度で英語の仕事ができると思ってほしいのです。この本で「英語ができる」状態とは、私程度、と考えています。もちろん、うまければうまいほどいいわけですけれど、普通は限界があります。相手の言っていることがほぼ理解できて、こちらの言っていることも言い直しなしに通じる、ということです。不思議に見えるでしょうが、これがカタカナ発音でも、相手はちゃんと理解してくれるのです。

私が前の章で「誰でも必ずできるようになる」といった、その場合の英語のレベルは、私程度の英語、という意味です。普通のレベルの英語での会話と読み書きができ、英語での日常生活に不便がないうえに、英語でのビジネスもほぼ支障がない、というくらいの英語です。

それ以上の英語力となると、たとえば、

●ネイティブとまったく同じ発音ができる
●英語の高度な古典文学作品を鑑賞できる
●どんな専門用語もたちどころに通訳できる

などのレベルです。そういうレベルに達するには、特別な才能や、特別な環境、特別な訓練が必要でしょう。

それは、いわば100メートルを10秒とか11秒とかで走れる能力です。

あなたが目指しているのはそういうレベルでしょうか。だとすれば、私には教えられません。

アメリカ人の中にいて、外国人とバレないくらい、完璧な英語をしゃべりたい、というのがあなたの願望ならば、それは非常に高い、おそらく高すぎる目標です。

教養あるネイティブが話す英語とまったく同じ英語をしゃべりたいとすれば、それはたぶん、生まれ変わりでもしない限り無理でしょう。もちろん、徹底的に発音をマスターすればできないことはないですが、果たしてそれに意味があるでしょうか？　経済学で「限界効用」という言葉がありますが、追加的に何かを努力して得られるものがどれくらいか、考えればいいのです。

余談ですが、帰国子女の多くはほぼネイティブの発音ができますが、問題は、中学や高校で帰国してしまった帰国子女の場合、発音は綺麗なのにボキャブラリーが学生並みにしかないため、かえって相手からバカにされるそうです（これは、実際に当事者の体験談から聞きました）。なので私くらいに発音が明らかに外国人だと、相手もそのつもりで話すし、また、そのわりには使う単語が的確だと、ほ――――っとなるみたいです。

私が「誰でもできるようになる」と信じるレベルは、いわば、１００メートルを15秒くらいで走ることです。それで実用的には十分というレベルです。

私はＴＯＥＩＣでは９００点くらいを取ります。１００メートル走でいうなら、15秒よりは速くて、まあ13秒くらいでしょうか。

それでも、教養あるネイティブが話す英語が１００点満点だとすれば、70点か80点くらいでしょう。日本人でも、その基準で90点くらいの人はたくさんいると思います。

でも、英語がたいして得意だと思っていない私が、なぜみなさんに教えることができるかというと、私自身、大人になって、ほぼ英語ができない状態から、このレベルまで英語ができるようになったからです。

私は、決して英語の天才ではなく、子供の頃から訓練もしていませんでした。それでも、このくらいはできるようになりました。ある意味、語学が大好きで、それなりに努力をしてうまくなったという人ではなく、やむにやまれずやって、こんな感じになった、という話をしていきたいと思います。

やむなく外資系に

中学から慶応で、外資系企業に勤めていた、と聞くと、私のことを、最初から英語ができた人だとイメージする人が多いようです。

でも、それは誤解です。私が大学までに受けた英語の教育というのは、大学を出た普通の人と同じか、エスカレート式に大学に上がったために受験勉強をしていない分、普通の人より足りないくらいです。中学生の時に、英語の授業をあまり聞いていなかったため、試験前、三単現のSの意味が分からず、兄に尋ねてあきれ果てられたくらいです。

たしかに、周りには、いわゆる帰国子女のバイリンガルもいましたし、留学をして英語力を身につけた友達もいました。「お、がんばってるなあ」と思いましたが、自分にはそういう熱意はありませんでした。実は、中学1年生のとき、1カ月ほど、カリフォルニアに短期の留学を経験しているのですが、ほとんど修学旅行気分だったので、英語力はまったく身についていません。

そんな私が、英語を学ぶ羽目になったのは、外資系に入社したためです。私が卒業していた頃は、日本はバブルの真っ只中。大学４年生の時に、アーサー・アンダーセンという、外資系の（本拠地はアメリカのシカゴ）、当時は世界最大級だった会計事務所に入りました。ただ、なぜ外資だったのか。もちろん、英語ができたからでは全くありません。

みんな忘れているかもしれませんが、そもそも、25年前のバブル絶頂時代だった当時、外資系はよい就職先ではありませんでした。日本企業に入れずにあぶれた人が入ったのです。いわゆる「滑り止め」です。今のように、外資に入りたくて倍率何百倍どころか、1倍を切っていたわけです。

当時の私は学生結婚をして、大学卒業時にはすでに子供がいました。そういう条件の女子を積極的に採用してくれる日本企業はありませんでした。それが、私が外資系に入ることになる、いちばん大きな理由です。

それでなくても、日本企業は、女性を差別していました。すでに男女雇用機会均等法は施行されていましたが、性別による昇進差別などは、あって当たり前だと思われていました。それは、大学３年生の時に日本系の会計事務所でアルバイトをしていたときに、目の当たりにして実感していました。

また、いろいろなところで書いたり話をしていますが、私には同じ高校・大学を卒業した11歳年上の姉がいまして、いわゆる、地元では有名な「神童」でした。ほとんど勉強せずに慶応に受かり、英語もペラペラ、簿記も2級に楽々受かっていて、商社に入社しましたが、それでも、それは均等法以前ですから一般職でしたし、また、寿退社をしたあとでも、時給ベースのアルバイトを見つけるのすら、苦労していました。

女性差別という現実があったため、何か資格が必要だと思い、高校3年卒業の春休みから会計士の勉強を始め、無事、1年ちょっとの勉強期間で、大学2年生の夏、19歳で公認会計士の2次試験に受かりました。これは、当時の最年少記録でした。

会計事務所に入れたのは、そのときの会計士の資格のおかげです。大学のゼミの教授の紹介だったのでほとんど無試験で面接だけ、入社後につじつま合わせのように後でペーパーテストを形だけ行ったくらいです。しかし、英語というのは、全く私の眼中にありませんでした。まさか、入社後、あんなに英語を使うようになるとは予想外でした。甘く見ていました。

アーサー・アンダーセンに入社したとき、私のTOEICの点数は、420点でした。今ではとても外資系に入れない点数です。今だったら、最低でも500点は必要でしょう。

入社後初日、改めて英文のレジュメ（身上書 resume）を会社所定のフォーマットに記入をしなければいけなかったのですが、これが、いきなりまず書けないのです。なぜなら、それぞれの項目のコラムにある英語の意味が分からないからです。

さすがに、address というのは「住所」だな、くらいは分かりました。でも、major というのが分からない。major とは大学での「専攻」のことだ、と辞書で調べて分かっても、では、私が専攻した「商学」は英語で何と書けばいいか、分からない。business? commerce?　まあ、その程度だったわけです（ちなみに、商学は commercial science とかになるでしょう）。

まったく、先が思いやられました。まぁ、思いやられたのは、私ではなく会社の方だったかもしれませんが。

同僚は日本人の方が多く、社内公用語が英語というわけではなかったのは、助かりました。でも、社内文書はすべて英語でした。ちょっとした社内案内や、マニュアルを読もうとしても、1行に3個くらい、分からない単語が出てきます。1ページではないですよ、1行に3個です、分からない単語が。そう、英語の単語のうち、20〜30%くらいが分からないのです。万事そんな調子でしたから、仕事を進めるのに非常に時間がかかりました。

通じない、通じない…

それでも、私の英語学習欲には、なかなかエンジンがかかりませんでした。一応、会社が半額を補助してくれるので、コツコツと英会話学校に通ってはいたのですが、まぁ、多少、文章が読めないくらいで、会計士の業務自体は日本語で行うのでのんびりとしていたものでした。

ところが、アーサー・アンダーセンに入社して1年目くらいに、転機になる出来事が起こりました。

ミーティングで、私の上司がアメリカ人に英語でプレゼンしているときに、彼に電話が入りました。すると、「あとは任せた」と私に言って、部屋を出ていってしまったのです！

私は、しどろもどろになりながら、必死に英語を口にするのですが、

（通じない、通じない、通じない……）

冷や汗がだらだら出てきたことを、今でもよく覚えています。とにかく、自分が言いたいことの3分の1も伝わらない。相手もどんどんイライラしてくるのがよく分かります。また、当時ドキュメントを作ると、上司に、

「おれも昔はこんなひどい英語を書いていたんだよなぁ」

と言われながら、真っ赤になって、私の英語は跡形もなくなって返ってくる毎日でした。

そんなこんなで、とにかく、私は「英語ができない人」の烙印を押されてしまったようです。普段は英語がそれほど使われないとしても、外資系で「英語ができない」と認識されると、もはや一人前に扱われません。もちろん、昇進にも差し支えますし、クライアントも日系企業しか回れないことになります。それですと、アサインメントassignmentといいまして、さまざまな仕事のスケジュール繰りの時に干されることになってしまいます。事務所にいても仕事がないわけです。

もう、悔しいやら、情けないやら、でも、どうしようもない。追い詰められて、私は本格的に英語の勉強を始めることを決めたのです。せっかく始めるのですから、とにかく、徹底的にまず勉強方法から考えました。書店に行って、英語学習法を何冊も買い、

手当たり次第教材を集め、電車の中でも、車の中でも、家の中でも、とにかく、英語の学習テープや英語教材をかけ続けます。

当時はまだ、カセットテープやCDでしたが。電子辞書も買いました。数万円くらいしたと思います。SONYのブックマンBookmanでしたが、アンダーセンの研修で海外に持っていったときに、ずいぶん多くの人から「それは何」とおもしろがられたものでした。もう、20年以上前の話です。

そして、そうなると、外資系企業にいることが、プラスに働きます。会社は、私の英会話スクール代などを負担してくれましたし、業務として、アメリカの本社に出張するような、英語学習上願ってもない機会も与えられました。英会話学校は正確に言うと、半分以上出席すると初めて半額負担で、それを下回ると全額自腹になってしまいます。手取りが20万ちょいの頃でしたから、英会話学校の費用が自腹だと3万円くらいになってしまうため、必死で行きました。

そう、当時、あまりお金もないのに、もう、生死に関わりますから、片っ端から英語本や英語教材を買ってきて試しました。「アルク」という、語学専門出版社がありますが、あそこの本や教材などは、ほとんどすべて買ったのではないかと思うほどです（ただし、英語教材で、最後まで続いたのは少なかったですが）。

出勤中、電車の中でカセットテープで英語を聞き、会社帰りには、会社と提携している英会話スクールに通いました。

最初、その英会話スクールに入るとき、面接試験があり、英語の能力別でクラス分けされました。クラスは9つに分けられましたが、私が入れられたのは、できない方から3つ目のクラスでした。それをコツコツと3年間続け、最後は一番上のクラスまで昇級しました。

そうそう、その英会話スクールも本当は夜が指定の時間だったのですが、業務も保育園のお迎えもあり、とてもじゃないけれども夜は通えないので、会社とスクールに交渉して、私は朝のクラスに振り替えてもらいました。8－9時のような形で、出勤前に週4回、レッスンを受けるのです。何がいいかというと、通常9人1クラスくらいなのですが、朝は弱い人が多いのか、だいたい3、4人しか出席しないので、たっぷりと話すこともできました。

とにかく、大事なことは「試行錯誤の中から自分で続けられる方法を見つけること」なのです。

そして、英語の勉強を始めてから3年ほどで、私はなんとなくは英語ができるようになりました。その証拠に、今度は会計士の資格関係なしに、本格的に外資系の銀行に普通に英語で面接して転職させてもらえましたから。

毎日英語を聞いていても、最初はなかなか上達を実感できませんでしたが、1年目くらいから、英語がTOEICレベルならほぼ聞き取れるようになり、ようやく2年目を過ぎたあたりでしょうか、英語での会話がなんとかできるようになり、TOEICの点数もぐんぐん伸びて、最終的には900点近く取れるようになりました。

もちろん、何事もタダでは手に入らず、元手は――時間以外にも――かかっています。その3年間、会社と私が英語学習に費やしたお金を合わせると、500万円くらいになるのではないかと思います。教材費、授業料、そして海外出張にまつわる費用などを全部入れれば、そのくらいになるはずです。

なお、その後も銀行でも、マッキンゼーでも英語を習い続けまして、その費用も全部含めるとざっくり1500万円くらいになりました。その大半は会社が負担してくれていたので続けられましたが、英語ができるようになった利益を考えれば、1500万円の投資でも、理にかなっていると思います。

え、「そんなにお金が要るのか」と心配になった方も、心配無用です。当時はインターネットもなく、本物の英語に接する機会は限られていました。今では、のちにご紹介するように、タダで入手できる教材がいっぱいあります。今でも私は英語を勉強していますが月にかけているのは1万円前後くらいです。ほんと、時代が変わりました。教材はカセットとCD、先生と言えば対面で雇うしかなかったのが、いまはネット配信があり、そして、スカイプで格安英会話があるのですから。

自分への投資はケチるべきではないですが、こと英語学習に関する限り、今は非常に恵まれていることに気づくべきだと思います。英語学習には時間がかかりますが、幸いなことに、いまやそれは誰でも安価にできるのです。

英語の早期教育への私の考え

そうはいっても、社会人になって英語に苦労している私たちですから、これを読んでいる方も、大人になってからの英語は、やはり大変だなあ、と思う方が多いかもしれません。

そして、もっと時間があった若いときに、真剣に勉強したり、留学したりして、英語をマスターしておけばよかった、と後悔する人もいるかもしれません。

あるいは、「子供の頃から英語を叩き込んでくれればよかったのに」と、親に対して嘆く人もいるかもしれません。

実際、英米からのいわゆる帰国子女たちの、きれいな英語の発音を聞けば、そういう環境をうらやむのは分かります。私も高校に帰国子女枠があったことや、外資系に勤めていたこともあり、帰国子女の友人がたくさんいて、それはそれは、流暢な英語を話します。

そして、あなたに子供がいるか、これから子供を持つつもりなら、「大人になって苦労しなくて済むよう、自分の子供には、英語の早期教育をほどこそう」と考えているかもしれません。実際、幼児教育用のさまざまな高額な英語教材があり、売れていますよね。

その気持ちは、子どもを持つ母としても、とってもよく分かるのですが、それでも、私は、英語の早期教育には非常に懐疑的です。以前、テレビのディベートで英語の早期教育が必要か、ということをテーマで扱ったことがあるのですが、不思議なくらい、外資系や英語ができる人ほど早期教育には懐疑的でした。

その理由はシンプルで、当人の意欲がない中の英語の早期教育は、親が思うほど効果がないだろう、と思うのです。さらに可能性として、母国語の学習に悪影響を与えるかもしれないからです。

前に触れたように、私は中学1年のとき、1カ月、アメリカでホームステイを経験していますが、語学学習という点ではまったく役に立ちませんでした。挨拶もろくにできないまま、牧場で遊んでディズニーランドに行って帰ってきただけです。さらに言ってしまうと、私は幼稚園のときにも、英語学校に通わせてもらっています。それも、まったく効果がありませんでした。中学の時にはな――んにも覚えていませんでした。

それはなぜかと言えば、当人が「英語でのコミュニケーション能力が将来必要になる」と思っていなかったからです。その必要が理解できていないし、現に、子供の日常生活の中で、英語は必要ではありません。だからこそ、学習しても、丸々抜けてしまうのです。

早期教育は懐疑的と言いましたが、お子さん自体が自分から望んでやりたいというのであれば、大いに勉強させた方がいいと思います。要は、意欲の問題なのです。

帰国子女は、なぜ英語ができるのか。それは、海外生活をしていて、周りがみんな英語を話す環境だったから、いやおうなく必要だったから、さくさくと覚えたのです。しかし、基本、日本に住んでいる子供に、英語の必要性を分かれと言っても、無理です。

子供への英語教育の基本は、まず、「なぜ英語によるコミュニケーション能力が必要か」ということを、心から理解するところから始まると思います。それが理解できていれば、自分からやると言い出すかもしれないし、少なくとも今の日本では、大人になったら英語を勉強せざるを得ないのですから、そのときに思い出すことでしょう。

もちろん、そういったことを理解できないときは、小さい頃から英語の歌や映像を見せて、聞かせて、英語への親しみをつけさせるということも、一つのアイデアでしょう。

しかし、英語の早期教育は、害をなす可能性があります。なぜなら、私たちの母国語と干渉を起こすからです。アメリカでは幼児への自国語以外のビデオ視聴について、「2歳以下の幼児には、ビデオを見せる時間が長いほど、自国語の習得が遅れる」というショッキングな研究成果もあるのです（出所：ワシントン大学とシアトル子供病院研究所の共同研究）。

実際、私の身の回りにもバイリンガルがたくさんいましたが、ショックだったのが、ネイティブと遜色なく英語が話せるような幼少時の海外経験が長い人は、政府の経済レポートのような、漢字が多く複雑な言い回しのある日本語に対しては、理解が弱いということでした。銀行ですから、日銀の短観レポートとかを読むのですが、それが読めないのです。あるいは、ちょっとした日本語の言い回しや、ニュアンスが通じないのです。

たとえば、日本で物書きで完璧なバイリンガルの人ってほとんどいませんよね？　それはやはり、物書きで食べていくためには、それなりの日本語の言語能力が必要ですが、もしそれが英語に一部置き換わってしまうと、その分、日本語の語彙が減ったり、ニュアンスがうまく出なかったりする可能性があるからです。

帰国子女のバイリンガルが意外なくらい、日本語が弱いということは、私がバイリンガルの人たちと知り合ったときに一番ショックなことでした。友人の中で、中学から大学までアメリカで卒業したバイリンガルがいますが、彼女は日本に帰ってきて、日本語学校に通ったくらいです。

結局、語学に対する勉強の総時間が決まっている中で、漠然と「ああ、子どもには自分のように英語に苦労させたくないな」と思って、高い英語教材を買ったり、子どもを英語教室にせっせと連れていっても、本人がやる気がなければ身につかないし、また、英語を勉強させすぎると、今度は日本語に支障が出てくることにもなりかねません。

したがって、私は、家庭における幼少期の英語教育は「英語に親しみを持たせる程度」にとどめ、過度な投資や期待は控えるべきではないかと思っています。親がコンプレックスがあるため、子どもに何とかさせようというのは一種の「コンプレックス商法」ですから、ぜひ、その罠にはまらないようにしてください。

もちろん、是正の必要があるのは、学校教育における英語教育です。こちらが読み書き中心で、コミュニケーションのための英語になっていないことが問題なのです。単語と文法中心の学習から、会話やイディオム、文化学習など、もっと実務に即した学習に変えることの方が、より本質的な子供たちへの英語教育ではないかと思います。少しずつは変わってきているようですが、教養としての英語でなく、実用としての英語が学校でできれば、わざわざ早期教育をする必要もないわけです。

いま、公立小学校で英語の授業が始まっています。私も見学に行きましたが、微妙でした。まぁ、英語で歌を歌って、手を叩いて、親しみを持つのはいいことだと思いますが、果たして、算数や理科の授業の時間を削ってまでするものなのかどうか。もっとも、この結果はあと10~20年待たないと分からないのでなんともいえませんが。

日本は、子どもへの教育が不平等な面があります。ぜひ、公教育をもっと充実させて、お金持ちの子供だけが英語がうまくなり、そうでない子供との格差が生まれないように、学校での英語教育のカリキュラム是正を願っています。

第3章
英語であなたの世界は60倍に広がる
――「象さん（感情）」への動機付け

まず、英語を勉強するに当たって本当に必要なことは、
「英語ができたらどんなにいいだろう」
ということを具体的に、具体的に想像することです。できれば、身の回りで英語ができる人の「お得さかげん」を知ることで、うらやましい、私もそうなりたい、と思うことが必要です。

もし英語ができたら…

では、具体的に、英語ができるようになる、とは、どういうことでしょうか。一緒にイメージしてみましょう。

とにかく、あなたが英語ができるようになると、風景が一変すると思ってください。人間が人間であるのは言葉があるからですが、その言葉が日本語だけではなく、英語という世界共通語が入ることによって、あなたの内面も、外面も、すべて、広がるのです。

これまでも、あなたの周りは、実は英語があふれていました。でも、これまでは、それはただの背景か、雑音でした。よく、日本のさまざまな日本特有のものを「ガラパゴ

ス」という表現をしますが、日本語しかできないということは、そのガラパゴス諸島に閉じ込められたカメと同じようなものかもしれません。

英語ができるようになると、見え方が一変します。たとえば、検索をしたときに、別に日本語でも英語でもかまわないのです。近くの人が英語で会話をしていたとき、たとえば、電車の中での外国人たちの会話、これまでは、何の意味も持ちませんでした。でも、それが英語であれば、あなたはその意味が分かるようになります。それだけでも、いつもの風景が変わったのに気づくでしょう。逆に、何を言っているか分かってしまうから、外国人たちが非常にうるさく感じるようになるほどです。

実際、私も以前、英語はただのノイズでしたが、いま、たまたま電車の中やカフェで外国人の英語を話す集団と乗り合わせると、聞きたくなくてもその意味が聞き取れてしまうので、うっとうしくなるくらいです。

映画も、洋画を見始めると、あなたは字幕を見るより先に、登場人物たちの会話が聞き取れていることに気づくし、その英語もよほどのスラングや早口でない限り、ほぼ聞き取れることに気づきます。そうすると、だんだんと字幕を見ることなく、映画を理解できるようになると、吹き替え版よりも英語版の方が楽しくなってくるでしょう。

それで初めて、あなたは、監督の演出や、俳優の演技を、ありのままに味わうことになります。

そして、時に、もともとの英語のニュアンスを、字幕が伝えていないことに気づいたりします。字幕は、字数の制限があるので、英語のセリフをすべて訳しているわけではありません。あと、たまに間違っていることがあります（笑）。

たとえば、よく、企業の「Vice President」を字幕では副社長などと訳していることがありますが、米系の企業における「VP」はそれほどたいした役職ではなく、まぁ、せいぜい、課長か部長、というところでしょう。実際、私もJPモルガンでVice Presidentでしたから。本当の幹部は、Executive Vice Presidentとか、あるいは、Managing Directorなどの肩書になります。

さまざまな英語のジョークも、実は韻を踏んでいたり、名文の孫引きだったりして、そういうニュアンスが字幕だとうまく伝わらないことが分かります。もし、そういう詳しい話を知りたかったら、それこそ

「字幕　誤訳」

でググれば、相当いろいろな珍訳、迷訳がありますので、英語の勉強がてら、楽しん

でみてください。

ほかにも、メディアから流れてくるヒット曲の英語の歌詞の意味も、あなたは分かるようになります。むかし、意味が分からない「音」として聞いていたポップスも、歌詞の意味が分かると、まるで違って聞こえることがあります。まぁ、正直、英語の楽曲はやはり言葉が多く、クセも多いので必ずしも聞き取りやすいとは言いがたいのですが、それでも、実は意外と平坦な英単語で構成されていることが分かってきます。

英語が分からなかったときは、それはいわば、お経を聞いているようなものでしたが、意味が分かれば、より身近に感じ、共感したり、感動したりできます。エンジン01文化戦略会議というボランティア団体で私はレディー・ガガのコスプレで「ボーン・ジス・ウェイBorn This Way」を歌ったことがあるのですが、実はこの歌詞、たぶん、一番近い歌は、かつて大ヒットしたＳＭＡＰの「世界に一つだけの花」だと思います。あなたはそのままで完璧なのよ、という歌なのです。そういうのもニュアンスを込めて歌うことができるようになります。

英語ができれば、さまざまな情報を、日本語だけではなく英語でも入手するようになるでしょう。パソコンやスマホでググるときに、日本語のキーワードでうまく引っ張れなかったときには英語でググればいいし、ウィキペディアなども、英語の方がはるかに充実しています。ＣＮＮだって、ＷＳＪ（『ウォール・ストリート・ジャーナル』）だって、そのまま英語で読めばいいわけです。

ツイッターやフェイスブックのようなＳＮＳ（ソーシャル・ネットワーク・サービス）でも、英語さえ使えれば、海外の著名な政治家やスター、スポーツ選手などのアカウントをフォローして、その最新情報を得られます。

ツイッターでの英語のトレンドワードを見ているだけで、いま世界で何がいちばん話題になっているかを知ることができます。そして、たとえば、誰か世界的な有名人が亡くなったりすると、世界中で話題になるため、すぐに英語のトレンドワードに挙がりますから、日本語でニュースになるはるか前、ということは、日本のメディアより先に知ることもできるのです。バズっているキーワードを見ればいいだけですから。

あなたが好きなアメリカのミステリー作家の新作を、翻訳が出るより先に楽しめます。新たなビジネス理論、新たなＩＴ情報、新たなゲーム、新たな音楽……。私はアメリカでベストセラーになっているビジネス書はだいたい、邦訳される半年くらい前に読んでしまっていますので、あとから「へ――、これが日本では売れたんだ」とか、逆にいい本なのに日本で売れていないものについては、出版社に提案して、何冊か翻訳をさせてもらいました。特に今はキンドルKindleやオーディブルAudibleがありますので英語の本が瞬時に安価に手に入ります。とんでもない時代です。

そんなふうに、定期的にあなたが英語で情報を得るようになると、日本語のニュースに触れるのが——国内ニュースを除いて——、正直、ばかばかしく思えるときも増えてきます。遅いし、すべてを伝えてくれないし、時に一方向の情報しか伝えない。

日本人記者や編集者の、視野の狭さや、いわゆる「偏向報道」も気になり始めます。なにしろ彼らの多くは、日本語でしか情報を得ていません。日本でしか話題になってないあれこれを、閉じた世界で、お互い引用し合っているようなものです。そういえば、海外の要人のスピーチも、たまに意図的に誤訳をされていたりするので注意が必要です。

あなたは、世界中から来る英語の情報に接し、さまざまな考え方、さまざまな国の立場や、異なった文化の考え方も理解できるようになります。

あなたが会社勤めならば、日本のメディアも知らない海外事情に通じ、外国人と臆することなく話ができ、英語の契約書に目を通して理解できるあなたは、たちまち会社の注目株になるでしょう。海外事業を任されるかもしれませんし、社長の右腕に引き抜かれるかもしれません。実際、英語ができる人とできない人とでは、年収に差があることが分かっています。

あなたは出世する。給料も上がる。生活が豊かになり、家族から尊敬される。あなたはそれを当然のことと受け入れることができます。あなたは、周囲の日本語しかできない人とは違う、「グローバル人材」になったのですから。あなたは消えることのない自信とプライドを手に入れる。それこそあなたの財産です。

あなたの会社が、そんなあなたを評価しないならば、会社を辞めればいい。今やあなたの選択肢は広い。外資系を含めて別の会社に移ってもいいし、独立起業してもいい。それも、日本に限らず、伸び盛りのアジアでも、憧れのアメリカ、ヨーロッパでも、選べます。

それが容易になるのは、その頃までにあなたは、世界中にコネができているからです。英語ができ、少しばかりの積極性があれば、世界中に知り合いができます。

もちろん、あなたが若く独身なら、外国人の恋人とつきあうこともできます。映画の中で見たような恋が実現するかもしれません。普通に考えて、英語ができれば、あなたのつきあう対象は10倍にも広がります。つまり、今より確実にモテるようになります。

あなたが年配の方なら、あなたの経験を生かす道が広がります。外国で、外国人を部下にして事業を始めることもできます。異国の同年輩の人と人生経験を語り合うこともできます。社会的事業やボランティアもできます。人を育てたり、人の役に立つことができる。あなたは、過去ではなく、未来に生きることで、若返ることができます。

あるいは、世界を舞台に、趣味に生きることもできます。旅行、美食、写真、ゴルフ、音楽……あなたは、自分で切符を買い、ホテルやレストランを予約し、道行く人に道を聞ける。あなたは、あなただけの望みを自由に叶えることができる。

英語さえできれば――あなたは生まれ変わったように思考の幅も、行動範囲も大きくなります。あなたの望んでいた、やりがいのある仕事や高い年収、広いネットワークなどを備えた人生が手に入る可能性がぐ――――んと広がるのです。「これこそ人生だ！」とあなたは叫びたくなるでしょう。

私がもし、25年前の自分に、こんな世界が広がっているということを教えあげていられたら、もう少し学生時代からがんばったのになぁ、と苦笑してしまいますが、それでも、もし英語を覚えずに、そのまま来ていたら、現在私が手に入れているような自由な時間や、経済的な余裕は間違いなく手元になかったことでしょう。

象使いと象

え、言っていることが大げさすぎるって？　そうですよね、これまで英語ができる、ということを、大げさに、美しく描きすぎたかもしれません。

もちろん、これはある程度、わざとやっています。なぜなら、私は、あなたの「心」に訴えかけ、あなたに本当に、英語を学習したいというやる気を起こしてほしかったのでした。どんなに頭ではばからしい、大げさなと思っても、でも、ちょっと、ずいぶんたくさん、心の方は「そうかもしれないなぁ」なんて説得されてしまったはずです。

大事なことは、あなたは、英語学習を通じて、本当は何を望んでいるのか。それも、「頭」ではなく、「心」が何を欲しているのか。

それを、今、確認することが必要です。

私が前の章で、「毎日」学習することが必要だと言ったとき、「ああ……」と思った人。

これまで、何度試みても、途中で挫折してしまった人。

単に「私は根気がない性格だ」と思っていませんか？　そうではなく、別の考え方が必要です。あなたの英語学習は、頭はやる気があっても、心がついていっていなかったことが問題だったのです。

私の大好きな比喩、「象使い《ライダー》」と「象《エレファント》」の話をご存じでしょうか。

「象使い」とは「理性」で、「象」とは「感情」のことです。「頭」と「心」のこと、と言ってもいいでしょう。

あなたの中には、「象使い」と「象」が住んでいます。あなたの理性は、「象使い」です。長期的な計画を立てたり、必要性を検証したりする。巨大な「象」にまたがり、ムチを振るうので、一見リーダーのように見えます。

しかし、「象使い」の支配力には限界があります。何と言っても、「象」は「象使い」より、はるかに巨大で強力です。体重6トンの「象」に比べて、せいぜい、50～60キロしかない「象使い」ははるかに軽い。だから、「象」が勝手にある方向に進みだすと、「象使い」がそれを止めるのは容易でなく、しばしば敗北します。この「象」が、あなたの感情です。だから、あなたがどんなに英語を学ぼうと象使いレベルで考えても、象さんはやる気もないし、やり方も知らないから、楽で簡単な日本語の住処《すみか》から出ようとしないのです。

この「象使い」と「象」の比喩は、アメリカの心理学者、ジョナサン・ハイトが使ったのですが、日本でも訳されたベストセラー『スイッチ！「変われない」を変える方法』（チップ・ハース＆ダン・ハース）に引用され、広まりました。感情、心というものの扱いにくさを、「象」というイメージは、たしかにうまく表現しています。あなたの行動は、6トンの象さんの上に、ちょこ――んと、その100分の1の重さしかない象使い君が乗っているのですから、象さんと象使いがけんかした場合は、間違いなく、象さんに負けてしまうことになります。そしてこの象さん、残念ながら、ちょこ――っと怠け者なのです。

（私たちの象、つまり感情や本能は）怠け者で、気まぐれで、長期的な報酬（やせること）よりも短期的な報酬（アイスクリーム）に目を奪われてしまう。変化がうまくいかないのは、たいてい象のせいだ。

（千葉敏生訳『スイッチ！』早川書房、15ページ）

もちろん、このこと――理性と感情の対立・葛藤――は、（『スイッチ！』の著者も認めているとおり）昔から知られていることです。古代の哲学者プラトンは、「理性の御者は、暴れん坊の馬を従えている」と言ったそうですし、心理学者のフロイトは、倫理的な「超自我」や現実的な「自我」が、利己的で非理性的な「イド」に圧倒される人間像を説きました。

あなたのダイエットや英語学習を邪魔し、挫折させる、この「暴れん坊の馬」「象」について、あなたもとっくに知っているでしょう。

いくら頭の中で、「英語は現代生活において必要だ」「1日1時間やれば3年でできるようなる」と理解して、「象使い」が懸命にムチを振るっても、ひとたび「象」にそっぽを向かれてしまったら、どうにもなりません。

『スイッチ！』で明らかにされているように、そこでの大きな問題は、「象使い」（理性）が疲れやすいことです。「象使い」にはエネルギーがありません。これは実験で確かめられています。理性の支配力は、もちろんゼロではありませんが、ある一定時間で消耗します。あなたのダイエットや英語が三日坊主に終わったのはそのせいです。

一方、「象」にはエネルギーがあります。人間のエネルギー、やる気、熱意——これらは「象」、感情や本能からもたらされるのです。

だから、「英語を学習するのは正しい」「この計画なら効率的だ」といった、理性的な判断だけではダメなのです。

重要なのは、「象」、すなわち人の感情、心を味方につけることです。これは、マーケティングにせよ、会社経営にせよ、政府の施策にせよ、よりよい結果を得る目的でものごとを変えようとするときの要諦《ようてい》です。

「象」が味方につけば、それまで象の弱点と見えていた「御《ぎょ》しがたさ」、動きを邪魔するその途方もないエネルギーが、今度はあなたの目的のために使えるようになり、この上ない長所、推進力となります。

では、「象」を味方につけるにはどうしたらいいのか。

『スイッチ!』にも書いています。まずは「象さんに方向を指し示すこと」です。ただの目標ではなく、心（象）に響く目標が必要です。象さんが、喜んで、うれしがって、象使いに指示されなくても生きたくなるくらいのワクワク感です。「旅の方法」を考えるのは「象使い」ですが、それと同時に、「旅の価値」を「象」に納得させなければなりません。その方向に、「象」が「行ってみたいな〜」と本当に思えるものを描くのです。「象」をウキウキ、ワクワクさせなければなりません。

そして、ひとたび正しい方向に、「象」が、その大きなエネルギーで動き出せれば、成功の半ばは保証されたようなものです。

私は前項で、「英語ができたら……」という、多少うますぎる話を書きましたが、それは、あなたの「象」（感情、心）に訴えかけたかったからでした。

私が描こうとしたのは、『スイッチ！』の著者たちが言う「目的地の絵はがき」です。絵はがきですから、多少は美化されています。でも、「目的地の絵はがきは、驚くほど人を奮い立たせる」（同書117ページ）のです。

でも、私の書き方では、もしかすると、まだ心をウキウキ、ワクワクさせるまでいかないかもしれません。

欲望は人それぞれです。「頭」は、いわばタテマエの世界ですが、「心」は、ホンネです。あなたの欲求は、上品なものばかりではないかもしれません。

外国にいたほうが英語を学びやすいのは、象さんの身の回りが英語だらけだから、知らず知らずに象さんが英語に染まってしまうからです。また、さまざまなところで象さんは英語ができないことで不自由をしますから、象さんの気持ちが変わってきます。さらに、友人やＢＦ、ＧＦを作りたいと思ったら、英語を話さざるを得ないからです。これと同じことで日本に住んでいても、いわゆる「外国人大好き」な女性、男性は、それぞれ、外国人の異性とつきあうため、積極的に英語を学びます。

それですぐに思い出すのは、韓流ブームのとき、韓流ドラマや韓国人スターのファンのちょっと年配の女性たちが、韓国語をすばやくマスターしたことです。彼女たちの象さんのウキウキ、ワクワクこそが、その原動力でした。ドラマを韓国語で見たい、韓流スターと直接韓国語で話したい、そういうものがみな、原動力でした。

ここは正直に、あなたの心をのぞいてみてください。

お金、出世、周囲を見返してやる、ビッグになる、尊敬される人物になる、モテモテになる……何でもいいのです。あなたの象さんが本当にワクワクできる「英語ができる自分」のイメージを描き、それを忘れないようにしてください。

英語が上達してくれば、それ自体が手応えがあり、面白くなってきて、自然にやりがいにつながります。しだいに象さんのご機嫌をとる必要もなくなりますが、それでもときどき、象さんに「えさ」を与えましょう。

ある意味、こんなに「英語ができること」の見返りが多い国は少ないのです。だって、ほとんどの先進国は「できて当たり前、できないと損をする」のですが、日本の場合は

「できなくて当たり前、できると得をする」という構造ですから、とてもリスク・リターンがいいわけです。

英語の必要がない国

この章で述べているのは、英語学習への動機付けの問題です。

日本人はなぜ英語ができないのか。その理由としてよく取り上げられるのが、動機付けの不足です。何度も言っていますが、象さんがやる気を出してくれないわけです。

なぜ、象さんのやる気が出ないのか。このことは、私がとても勉強になった白井恭弘さんの『外国語学習の科学　第二言語習得論とは何か』（岩波新書）でも詳しく論じられています。以下、ちょっとこの本の内容を紹介しながら進みたいと思います。なお、外国語学習の手法については、こちらも少し検索をすればたくさん新書も専門書も出ていますので、より強い興味を持った方は、どんどん読んでみてください。

前提として、日本人が、ヨーロッパ人に比べたらもちろんのこと、近隣のアジア人に比べても、平均的に英語ができないのは、有名です。米国などの大学進学に必要で、国際的に標準化されたTOEFL《トーフル》の、国別平均点数による比較では、日本はアジアの中で最下位に近く、シンガポールや韓国より下なのはもちろん、北朝鮮やモンゴルより下だったりします。これは20年くらい前からずっとそうです。

２０１０年の比較でも、日本は比較30国のうち27位。１２０点満点中、トップのシンガポールが99点、韓国は82点、中国は77点、北朝鮮も77点、モンゴルは73点、日本は70点。日本より低いのは（受験者が一定数に達しなかった国を除いて）、ラオス、タジキスタン、カンボジアだけでした。

これは、日本人がたくさん受験するのに対し、ほかのアジアの国はエリートしか受験しないからだ、というように言う人がいますが、そんなことではありません。

私はマッキンゼーという経営コンサルティング会社に勤めていました。マッキンゼーは世界中から人材を採りますが、アジアの中で、日本人の採用がどうしても少なくなってしまう傾向がありました。採用したくても、候補となる人材があまりにも少ないのです。なぜなら、優秀な論理力やコミュニケーション力があっても、残念ながら、ビジネスで通用する英語ができないからです（逆に言えば、外資系は常に英語ができる優秀な日本人を探しているとも言えます）。

なぜ日本人は、ほかの英語が母語ではないアジア諸国と比べても、英語が苦手なのか。その理由として、白井さんが挙げているのが、動機付けの弱さです。

　日本にいれば、英語が使えなくても実際問題としては困らないのです。日本国内では日本語によるメディアが非常に発達していますから、最前線の情報が日本語に翻訳されていますし、日本は科学そのものがかなり発達していますから、英語ができなくても、科学の最新の成果もある程度つかむことができます。

（同書73ページ）

しかし、アジアのほかの国は必ずしもそうではありません。フィリピンでは英語が公用語ですから、英語が使えない人は社会的、経済的に不利になります。シンガポールやインドでも同様に、英語が事実上の公用語ですから、英語ができなければ、就職も出世もままならないでしょう。韓国でも、英語ができなければまともな就職がないといわれます。だから、これらの国は、ＴＯＥＦＬの点数が非常に高いのです。

つまり、彼らの英語がうまいのは、生活に「必要だから」です。これに勝る動機付けはないといえるでしょう。英語ができないと情報もなかなか手に入らないし、十分な就職先がないわけです。

一方、日本人の多くは「必要がない」のです。なぜなら、日本語だけでそれなりの経済規模があるため、英語がなくとも一応、生きていけてしまうし、また、特に問題はある程度の指導的な地位でもなれてしまうということです。アジアのほかの国々ですと、英語ができないといい就職や教育機会に恵まれないため、やらざるを得ないわけです。

思えば、私たち日本人は恵まれています。ネイティブの言葉とは、生まれて最初に学ぶ言語のことです。日本語で「母語」というとおり、それは最初にお母さんや家族から教わります。

私たち日本人のほとんどは、その「母語」を、そのまま社会に出ても使えて、一生変わることがありません。が、それは世界の中で、決して当たり前ではありません。「母語」が、その国の公用語や標準語でない場合も多いからです。

日本語は、ほぼ日本の中だけで使われる。そして、日本の中では、ほぼ日本語だけが使われる。言葉の境界と、国の境界がほぼ一致します。これも当たり前ではありません。1つの国の中に複数の言語があるのがむしろ普通ですし、1つの言語は複数の国で使われるのが普通です。１億2千７００万人もの人が同じ言語を話し、しかも、ほかの国ではほとんど話されない。いやぁ、言語の常識から考えると、かなりすごいことです。英語に限らず、スペイン語、フランス語、中国語、ポルトガル語、ドイツ語、世界の主要言語は何をとっても、複数の国で使われています。

ちなみに、日本語が日本以外で公用語として定められているのは、パラオ共和国のアンガウル州で人口数百人程度だそうです。もっとも、実際に話す人はほとんどいないそうですが。日本との友好のため、そう定められているそうです。パラオは日本の統治時代から大変親日的な国で、なんと、その国旗は日の丸をモチーフにした色違いになっています。

そして、日本は識字率ほぼ１００％ですが、この数字そのものも、世界全体では決して当たり前ではありません。

日本人は、日本で生まれ、日本に住んでいる限り、言葉に悩まされることがない。これがいかに恵まれているか、お分かりでしょうか。ある意味、日本語についてあまりにも便利すぎるが故、それ以外の言語を学ぶモチベーションが低いのです。

そもそも、英語ができるとされるインドやフィリピンやマレーシアが、なぜ英語が得意かといえば、西洋諸国に占領されたり支配されたりした歴史があるからです。もっと言えば、英語が今、事実上の世界共通語のようになったのは、かつてのイギリスの植民地政策があったからです。

私たちは、植民地にされることもなく、戦争には負けたけれど英語を強制されることはなかった。そして、美しい日本語を守ることができた。そのことはもちろん、喜ぶべき幸運でした。実際、日本語は外国人が聞いても、すべて母音で終わるということもあり、私たちが思っているよりも美しい音として聞こえるようです。

しかし、皮肉なことに、この恵まれた歴史と環境こそが、同時に、外国語学習の動機付けを弱めているわけです。なにごとにも、良いことには裏と表があるということになります。

さらに――日本人、すなわち日本語を話す人は、十分な数だけいます。日本語は、ほぼ日本でだけしか話されないとはいえ、日本人は1億2700万人くらいいます。これは、言語の使用者ランキングでいえば、10位かそこらに入ります。

しかも、経済的に豊かな1億数千万人です。イギリスやフランス、また韓国などの2倍、米国の3分の1強の人口です。要するに、日本語しか話せなくても、それなりに大きなマーケットの中で商売ができるのです。

そして、よく言われるように、日本語が、外国資本の参入障壁ともなります。言葉の壁に守られている業界として、よくマスコミと教育産業が挙げられます。これらの業界は、ほとんどの日本人が日本語しかできないことで、助かっています。ですから、意地悪く言えば、こうした業界は、できれば日本人に英語がうまくなってほしくない、潜在的な抵抗勢力です。

部数世界1位の新聞は何かといえば読売新聞ですし、世界2位は朝日新聞、4位は毎日新聞です。新聞業界は、これを、日本で新聞が信頼されている証拠だと誇りますし、批判者から見れば、日本人が新聞を信じすぎている証拠ともなります。いずれにせよ、この新聞の部数も、日本語という言語の特別な位置なしにはあり得ません。

つまり、経済的に見ると、日本は日本語で市場が分断されており、かつ、その分断市場だからこそ恩恵を受けている人たちがたくさんいるため、TPPも含めて、できる限り遮断したいというのが本音なのです。

環境の強制――手っ取り早い解決

「必要」ほど強力な動機付けはない。

その「必要」が少ないから、日本人は英語をなかなか覚えない。前項ではそんな話をしました。

思えば、私が英語を覚えたのも、「必要」からでした。はからずも外資系企業に入ったため、そこで生き残る必要から強制されたのでした。

このように、人の行動を変えようとするとき、変えざるを得ないような環境に身を置くこと、または、そのように環境を自ら変えることは、つねに強力な「解」になります。人の意志力は当てにならない。あなたの中の「象使い」は、象さんを思う方向に歩かせることができません。

でも、象さんがその方向にしか歩けないよう、土木的に道を一本しか造らなければ、つまり、「環境」そのものをそのように作りかえれば、もう「象使い」が頼りないムチを振るう必要もなくなります。

たとえば、たばこへの依存をなくすには、どうすればいいか。私もかつて喫煙者でしたので、たばこを辞める苦しみは知っています。

ここに、世界中の人たちのたばこ依存を辞めさせる、単純明快な方法があります。世界からたばこをなくすことです。これは、ある心理学の先生が言っていました。乱暴なようですが、理屈の上で最も確実な方法だ、と。禁断症状が出たとしても、「環境」がそうなってしまえば、いずれ人はそれに適応する。人類がたばこを知るようになる前の時代に戻るだけです。

まぁ、現実にはそこまで言っていませんが相次ぐ値上げで、たばこそのものが「贅沢品」となり、実際喫煙人口は減ってきています。それくらい、環境そのものの影響は強いわけです。

とにかく、英語がうまくなりたければシンプルに、英語を「強制」される環境に入ってしまえばいい。

実際に、最近の私の知り合いに、英語がうまくなりたいから、と、外資系企業に就職した女性がいます。これも、「環境」による解決を選んだ例です。彼女のＴＯＥＩＣの点数は、５００点くらいからたちまち７００点くらいまで伸びたそうです。英語を使うことを仕事上で強制されるわけですから、英語に触れる時間が圧倒的に長くなり、象さんも言うことを聞くようになります。

私の会社の共同経営者で、経済評論家としてたくさん本を出している上念司さんも英語が流暢にできます。彼は1年間だけ、高校の時に留学をしていますが、実はその前の高校の準備期間で、日本にいる間に英語ができるようになってしまったそうです。留学に行ったら、「なんで、英語ができるのにわざわざ来たのか」と驚かれたとか。

なんでも高校のときの日本人英語教師が、上念さんいわく、キューブリック監督の映画「フルメタル・ジャケット」に出てくる、「俺が貴様らに憎まれるほど、貴様らのためになる The more you hate me, the more you will learn」のセリフでおなじみ、鬼軍曹ハートマンみたいな人――だったそうで、放課後に軍隊式にみっちり英語を仕込まれたそうです。それも環境の強制にほかならないでしょう。留学が控えていたら、勉強せざるを得ないからです。もちろん、上念さんはその先生に感謝しているとのことでした。

のちに紹介するような、セブ島そのほか、国外の英語合宿塾に行くのも、もちろん、「環境」を変えることによって自分を変える例です。非常に効果的です。環境を変えて初めて象さんが動くこともあるからです。

そして、あなたが英語しか通じないところにずっと住めれば、それこそが最高の解決法となるでしょう。

すぐそこのグローバル化

ここでは、あなたがすぐにそういう解決策を取れないとします。あなたは、すでに日本にしっかりとした生活基盤があり、しかも留学などをする時間がない。

これまでなら、あなたは、日本国内で、英語学習への動機付けが弱い環境の中で、自ら、象さんを奮い立たさなければなりませんでした。

でも、2000年代になってからは、この日本の環境も変わってきました。あなたがこの本を手に取ったのも、その環境の変化のせいかもしれません。

まず、2000年代を境に、日本の人口は減少に転じました。これから、日本人の人口は減り続けます。これは、経済全体に確実に影響します。日本人の需要は減っていきます。

これはすなわち、日本語を使う人が減っていくということです。これまで安泰だった日本の市場が縮小に向かうということです。縮小市場では必ず過当競争が起きます。そして、過当競争の行き着く先は不況であり、賃金の低下であり、場合によってはリストラです。

日本市場が縮小する中で、生き残るために必要なのは、経済のグローバル化です。多くの日本企業も、これまで以上にビジネスで海外とつながることが多くなりました。そして、その結果、英語を公用語にしたり、英語ができる人しか雇われないような事態が普通になってしまっているのです。

この事情は日本企業だけではありません。世界中の企業が多かれ少なかれグローバル化しています。隣の韓国を見れば分かるとおりです。韓国企業は市場を世界においていて、人口があまり伸びない国内には置かないようになってきています。サムスンなどの携帯電話を見れば明らかです。

日本は人口が減っていますが、世界全体では、まだまだ人口は増え続けています。特に、アフリカや南米など、これまで日本があまり関係を結んで来なかった地域が今後、成長著しいと予測されています。インターネットを含めた情報革命や、ＬＣＣ（Low Cost Carrier ロー・コスト・キャリア、格安航空会社）による移動コストの低減がグローバル化を推し進めていますが、言い方は悪いのですが、もう、多勢に無勢、日本語は英語にビジネス上、負けてしまうわけです。

だからこそ、楽天やファーストリテイリングのように、英語を社内公用語にする日本企業が増えてきたわけです。こうした企業は、日本語の壁の中で「ガラパゴス化」することが、ビジネスにいかに致命的か、よく知っているのです。英語公用語化をしたばかりの楽天の三木谷さんにインタビューをしたことがありますが、目的は「優秀な人材の確保である」と言い切っていました。市場も国際市場ですから、そこで働ける人も国際人が必要であり、その条件を「英語」という形でスクリーニングしているのです。

この傾向は、不可逆です。いま、私たちが一切、手書きでビジネス文書を作らなくなっているのと同様、今後、どんどん、ビジネスの用語は英語化していくでしょう。

つまり、日本企業でも、英語というのが、いわばエクセルができるくらいの、あるいはもっと進んで、かけ算や割り算くらいの、必須技能になりつつあります。

いまエクセルと言いましたが、ＩＴの分野は、英語が分からないと、もはや追いつけないでしょう。クラウド、ストレージ、パーティション、テザリング、ジャーナリング……。

ビジネス用語一般も、もうほとんど英語です。イノベーションやフレームワーク、リスクヘッジといった言葉や概念を知らずにビジネスはできません。さらに、新しい概念も英語で次から次にできています。コンシューマーインサイト、パーセプションスタディ、センシビリティアナリシス……。エクセルで関数を学ぼうと思っても、その関数名はすべて英語由来です。英語が分からないと、関数を覚えるのにも一苦労、ということになります。まして、ヴィジュアルベーシック（マイクロソフトのプログラミング言語）でプログラムを組もうと思ったら、ますます英語が必要です。

結局、世界で通用する概念を作り出しているのは、英語であり、日本語ではない、ということです。「ガラパゴス化」を避け、世界に追いつくためには、英語をやるしかありません。

というわけで、昇進に英語力が要求されるのも当然です。TOEICで、主任クラスなら450点、課長補佐で550点、課長以上なら650点必要――これは、最近雑誌に載っていた、日産自動車の例です（『週刊現代』2013・12・21「英語ができない中堅幹部はどうなるのか?」）。正直、この点数設定でも甘いくらいです。TOEICで650点だと、まぁ、相手の言うことは半分弱くらいは聞き取れるかなといったところ、自分で話すのはほとんど難しいでしょう。

先に触れた楽天は現在、部長クラスの上級管理職で780点、課長クラスで730点、係長クラスで680点を昇格要件にしているそうですが、2016年12月までには階級関係なく、全社員に800点以上を課すそうです（『週刊ダイヤモンド』「英語はビジネスマンの必修科目」2014・1・11）。

昨年（2013年）は、国内最大手の製薬会社、武田薬品が、47歳の英薬品会社の社長（フランス人）を社長に迎えると発表して、話題になりました。武田薬品、創業232年で、外国人がトップに就くのは初めてだそうです。「もはやどの日本企業にも外国人社長が来ておかしくない」と言われています。そういう時代になったのです。

日本においても、ついに英語が「必要」な時代になりました。

暗黙の犠牲者

あなたの日本企業での昇進や適応も大事ですが、私は、あなた自身の「ガラパゴス化」こそを、心配すべきだと思います。ガラパゴス化は日本語の罠と表裏一体なのです。

ここでいう「ガラパゴス化」とは、日本市場への過剰適応です。日本で、日本語しかできないでいると、どうしてもこの罠にはまります。日本企業にしか勤められず、日本のものしか買えず、日本の変な労働慣行に従わざるを得なくなり、日本のメディアしか見たり聞いたりできないという状況です。

日本が伸びているときには、日本だけでもよかったのですが、今のように縮んでいる市場に過剰適応することは、極端な話、経済的なリスクが大きすぎますし、結果として、生命リスクも冒してしまっていることになります。過剰適応という罠にはまらないためにも、あなたは英語ができるようになるべきです。それが、一番簡単な、悲しいかな、沈みゆく日本丸の乗組員としてのライフジャケットです。

日本語しかできないということは、日本にあるさまざまな「暗黙の掟」に、従わざるを得ないということです。

たとえば、身近なものとして、買い物を考えてみましょう。

インターネットで世界中から商品を買えるようになった時代、多くのものは、海外のほうが安く買えます。

私は、買いたいものがあると、必ず海外のサイトを調べて値段を比べるようにしています。あまり差がないようだったら日本で買いますが、海外のサイトでは半額で売られていることもざらにあります。その場合はすぐに輸入します。

いままで、化粧品や、運動器具、ゴルフ用具、それにダンスダンスレボリューションのマットコントローラーとか、いろいろ買いました。

たとえば、私は米国のキューリグ Keurig というブランドのコーヒー・ティーメーカーを使っていて、そこのお茶やコーヒーも個人輸入しています。

このキューリグは、日本ではＵＣＣの独占販売になっていて、ハードウェアも、コーヒー豆も、アメリカの値段の倍くらいします。しかも、ハードウェアも、コーヒーも、お茶も、品ぞろえが10分の１くらい。

日本語しかできない場合は、この割高な買い物をするか、あるいは買わないか、という二択しかないのです。

でも、英語ができれば、キューリグの英語のサイトにアクセスして、安く、自由に選んで買えます。実は、米キューリグは日本には品物を直接送ってくれないので、米国の転送サービスを介する必要があるのですが（それが可能になるまでの顚末を私はブログに書いたことがあります）、英語ができれば、そういうこともできるようになります。

ロボット掃除機のルンバだって、食品を乾燥させるディハイドレーターだって、スロークッカーだって、日本で売っているものは、訳が分からないくらい、マージンが乗って高くなっています。

化粧品だって同じです。以前、友人から紹介された1万5000円のクリームが、海外のサイトで30ドルで売っているのを見たとき、私はひっくり返りそうになりました。

そのことをその友人に伝えたところ、友人がものすごく不機嫌になったことを覚えています。なぜなら、1万5000円の高級クリームだと思っていたのが、実は普通の値段のクリームだったのですから。

その友人は英語ができません。

英語ができない人は、日本で、こういう合法的な「詐欺」にしょっちゅう遭っているのです。英語ができない限り、あなたは被害者であり続けます。

ほら、旅館の冷蔵庫の飲み物は市価の何倍かしますよね? あんな感じなのです。英語でExclusive（エクスクルーシブ、排他的）と言うのですが、排他的な市場においては供給側が価格決定権を持つため、消費者に不利になってしまいます。

感覚のずれ

世界には、まだまだ多くの軍事政権による独裁国があります。典型的なのは、たとえば、隣国の北朝鮮です。

その独裁国において、国民が偏った教育を受け、おかしなことをしているとします。私たちはその様子を報道で見たり聞いたりして、「おかしい」と思うわけですが、もし、私たちがその独裁国の住民で、その国のメディアしか触れることができなかったとしたら、「おかしい」などと思えるでしょうか。

決して思えませんよね。これとまったく同じことが、この日本にもあるということにぜひ気づいてください。

日本式の雇用慣行も「おかしなこと」のひとつです。なぜ、大企業においては新卒一括採用が中心で、そこで採用されないと、なかなかいい就職口がないのでしょうか？ほかにも、なぜ、どこのオフィスも同じように「島型」に机を並べて仕事をするのでしょうか？　なぜ、能力給よりは年功序列の方が優先されているのでしょうか？　なぜ、実力主義が企業内で浸透していないのでしょうか?

パナソニックグループの業績が悪くなったときに、「追い出し部屋」が話題になったことがありました。

辞めさせたい人を仕事待機部屋に入れて、臨時で必要な仕事があったら派遣させるけれども、それ以外の時間は室内待機とする。「事業・人材強化センター」のような名前はついていますが、要は退職を迫っているわけです。人間にとって、仕事を与えられずに、無価値なもののような存在にして閉じ込めること、こんな残酷なことはありません。これを合法とするのがおかしいと個人的には思います。

実際、大企業は業績が悪くなるとリストラをするのですが、指名解雇はまだましなほうで、わざと事業所を遠くに移転させたりしながら、自主退職を迫るのです。そして、上司はその自主退職のノルマをこっそり持っていて、何人「自主的」に辞めさせたかが評価されたりする。日本にはそのような、間違った評価基準を採用している企業が多数あります。

こういういやがらせを受ける方たちはたいへん気の毒だと思いますが、しかし一方、この人たちにも、これまでと同等の給料が払われています。ということは、この人たち以外にも「被害者」はいます。誰かほかの人の働いた分が、ここに分配されているということですから。

私は米系の外資系企業に長くいました。３社で計16年間です。これら外資系の給料は日本系に比べると飛び抜けてよかったのは確かです。20代の頃に年収は１０００万円を軽く超え、30代の半ばでは５０００万円にもなっていました。私は支社長でもなんでもなく、証券会社の一社員です。全員とは言いませんが、多くの人が同じくらい多額の給料をもらっていて、私だけが特別多かったわけではありません。

では、なぜ米系外資の給料は多額なのか、多くの人は誤解しています。

日本の雇用慣行に染まっている人は、

「外資系は、仕事ができなければすぐクビになる。その補償というか保険料が給料に入っているのだろう」

と考えがちです。

でも、本当は、

「働いていないのに給料をもらっている人がいない。だから、働いている人の給料が高い」

というのが正解です。給料より働かない人は何回かの人事評価のあと、いなくなってしまうため、会社全体でもうけたお金を、一人一人の働きに応じて公平に山分けするからです。ですので、私が勤めたどの企業も、人事評価にはたいへんな時間を費やしていました。そうしないと、なぜあの人のボーナスがいくらで、私がいくらなのか、不満が出るからです。

イメージで言うと「プロ野球選手の年俸」に近いでしょうか。取引先の評判、営業への貢献度、同僚への貢献度などが数値化され、そこからボーナスがはじき出されるのです。

外資系にいると、それが「まとも」に思えます。外資系は、「フェア（fair：公平）」であることに、非常に気を使います。働いている人と働いてない人が同じ給料では、フェアでない、と考えます。もう1つ、外資系が気を使うのが「ダイバーシティ（diversity：多様性）」です。これは、性別や年齢や人種・国籍で差別しないということです。

日本人は、「外資系はすぐクビにする」と考えがちですが、会社を「辞めやすい」のは、いいことでもあるのです。会社の経営方針や上司が気に入らなかったら、さっさと辞めればいいのです。私は自分の仕事の幅を広げるために証券アナリストを辞めましたが、そのときにも気持ちよく辞められたのは、たとえば私が独立してうまくいかなくても、自分のことをまた雇ってくれる証券会社があると確信していたからです。実際、辞めたあと、何社からか声をかけられました。それが、日本の会社ではなかなか難しく、会社を「辞めたくても辞められない」周囲の日本人の嘆きを聞くにつれ、そう思います。

私も、実際に外資系に行くまでは外資系は怖いところだと思っていました。それは、日本語しかできず、日本の中にしかいなければ、そういう考え方しかできません。日本の現実をそのまま受けとめ、疑問に思わない。そのうち、「フェアネス」や「ダイバーシティ」という、世界基準の感覚からも、ずれてしまいます。

あなたが女性なら…

日本の解雇規制については、いろいろな考えがあるでしょう。でも、言い訳の余地がないほど間違っているのは、日本企業における、ひどい女性差別です。

それについて、私が10代から怒りを覚え、戦ってきたことは、前に書いたとおりです。

政府の男女共同参画関連の仕事にもずっと関わってきました。

多くの人々がこの現実と戦ってきたのですが、それでもなかなか改善しません。

それどころか、世界経済フォーラムが発表している男女平等指数では、2011年が98位、2012年が101位、そして2013年は136カ国中105位と、どんどん落ちている有り様です。日本の女性は、採用や昇進で差別され続け、権限は与えられず、男性との所得の格差も開いたままです。

こうした事態をふまえ、第二次安倍内閣は発足当初、女性の積極的登用を訴えて、自民党三役中2人も女性を起用したのを覚えているでしょう。「2020年までに指導的地位に占める女性の割合を30%にする」というのが政府の大方針です。

しかし、そういうことも、焼け石に水です。メディアも、この問題ではさっぱり戦ってくれません。その理由は新聞社に行って分かりました。幹部は、経営幹部も編集幹部も、見事に男ばかりなのです。こんなことでは、新聞に、えらそうに安倍内閣に民主主義を説教する資格はないと言うべきです。

(ついでに言えば、日本の新聞記者は英語ができないので有名で、経営者が英語で記者会見してもまったく通じないから、広報があとで新聞記者だけ集めて日本語でレクチャーするとのこと。テレビ局の記者は、帰国子女が多いこともあり、まだ英語ができるそうです）。

民主主義にせよ男女同権にせよ、結局、私たちの国がつくったものではありません。ほかのいろいろなことと共に、この問題でも、日本は一世代、30年遅れていると思います。

あなたは待てるでしょうか。英語を覚えれば、一世代スキップできます。あなたが女性なら、さっさと英語を覚えて、外資系に勤めるか、外国に行ってしまうかして、こんなばかばかしい差別に早くバイバイしなさいと私は言いたいです。

『ウェッジ』という雑誌に、フィリピンで会計・税務コンサルタントをしている、寺田未来さんという31歳の女性が紹介されていました（２０１４・1号「アジアへ羽ばたく若き〝和僑〟たち」）。

彼女は、青山学院大学を卒業し、日本の銀行に就職したのですが、海外で働く夢を追いたくて銀行を辞め、米国公認会計士の勉強をします。そして、国際会計コンサルタント会社に就職してマニラに赴任、その後、現地で独立します。

フィリピンへ来て最も驚いたことを聞かれ、寺田さんは「女性の社会進出が進んでいること」と答えています。

それもそのはず、フィリピンは、前記の男女平等指数でも世界5位、アジアでいちばん女性進出が進んでいる国です。マスターカードワールドワイドが2013年3月に発表した「女性の社会進出度調査」でも、フィリピンは70・5ポイントと、48・1ポイントの日本を圧倒しています。

事業主や企業・政府機関の管理職等をポイント化した「女性リーダーシップ」部門に限ればフィリピンは45・6ポイント、日本は14・2ポイント。

つまり、アジアで（韓国などと共に）女性進出がいちばん遅れている国から、いちばん進んでいる国に行ったのですから、それは驚くはずです。

「若くして活躍することができ、男女の差はない。日本に蔓延しているような閉塞感もこちらにはない。飛び出してみて正解でした」

と寺田さんは言っています。

全世界に通じる

アフリカやアジアの発展途上国で、ＪＥＮさんというＮＧＯが支援活動をしていますが、私はそこに印税の20％を寄付しているため、これまで、スーダン、ハイチ、ミャンマー、スリランカなどの国々を訪問しました。どこもだいたい、世界の最貧国の一つです。一人あたりのＧＤＰが小さく、内戦や災害などに苦しんでいる国々です。

そうした国の子供たちは、必死で英語を学んでいました。それは、大人になってから国を出て、手に職をつけ、生き延びていくためです。子供たちは、英語が「国の罠」から逃れるための唯一無二の手段だと知っていて、だからこそ、必死で英語を身につけようとするのです。

学校を訪れたときに、子供たちから「ぼくのこと、日本に連れて行ってよ」とつたない英語で話しかけられたのを、いまでも忘れることができません。英語ができれば、国外で仕事を得ることができて、内戦や飢餓から脱出できるきっかけになるからです。

私も日本は大好きですし、日本語も大好きですし、日本の文化、日本の料理、すべて大好きです。

でも、だからといって、この国は絶対に安泰といえるでしょうか？

あるいは、この国をもっと盛り立てたいと思ったら、日本語を知っているだけで十分でしょうか？

もちろん、日本には飢餓も紛争もないので他人事かもしれませんが、それでも、人口減少と長い不況があったのはご存じの通りです。特に、若年層の雇用不足は深刻な課題です。

自分が知りたいこと、生きたいところ、食べたいもの、働きたいところ、なんでもいいです。自分の夢や希望を叶えたいと思ったとき、日本語しかできなかったら、この小さな国のなかだけで終わってしまいます。

英語ができれば、一気に全世界を自分の視野に入れることができます。別に、日本にいるのが悪いと言っているわけではありません。けれども、外国にも行けるとか、外国のものを学ぶチャンスがあるのに、それを逃すのは、やはりもったいないというほかありません。

英語ができれば、人口1億2700万人の日本から、70億人の世界に通じることができる。どれだけ世界が広がるか想像できますよね。

どうです？　あなたの中の「象さん」は、ワクワクしないでしょうか？　すべてのものが、60倍になるのです。

第4章
語彙が増えなければ意味がない
——安く、楽しく、英語をインプットする方法

言語の距離

私たちにとってなぜ英語が難しいかということをひもとくため、私のおすすめの本を紹介します。第3章でも触れた、白井恭弘さん（米ピッツバーグ大学教授：応用言語学）の『外国語学習の科学――第二言語習得論とは何か』です。

この本ではまず、なぜ日本人は英語が苦手なのか、ということに触れています。その第一の理由は、日本語の体系が、英語の体系と、かけ離れているからです。

世界にはいろいろな言語がありますが、似ているものと似ていないものがあり、その「似ている」程度のことを「言語的距離」と言います。たとえば、私はスカッシュをスポーツでやっていますが、スカッシュとバドミントンのスポーツ的距離は小さく、テニスは少しそれよりも遠く、サッカーははるか彼方です。それと同じことで、日本語はスカッシュ、英語はサッカーのようなもので、今知っていることがあまり役に立たないのです。

あなたが、大学の第二外国語でドイツ語を学んだことがあれば、「英語と似てるな」

と思ったことでしょう。ドイツ語を学んだあとで、オランダ語を学べば、やはり「ドイツ語と似ているな」と思うはずです。これらの言語は、言語的距離が近いからです。文法も、単語もよく似ています。

韓流ブームのとき、ファンのおばさんがたちまち韓国語を覚えた、という話を前の章でしました。おばさんたちの「象さん」のエネルギーを讃えるためでしたが、おばさんたちが韓国語を覚えられたのは、日本語と韓国語が似ているからでもあります。文法が似ているのです。この２つも、言語的距離が近い例です。

英語と日本語に戻れば、この２つの言語的距離はとても遠いのです。さまざまな世界の言語群の中で、もっとも遠い言語の一つでもあります。その違い方の大きさは、少し学べば分かるはずです。たとえば、日本語は会話の中でまず「主語」を言いませんが、英語はほぼ必ず入れますよね。発音もそうで、ｒやｖのような日本語にない音で私たちは苦労させられます。

文法、発音、語彙《ごい》、そのすべてでかけ離れています。日本語を母語とする私たちにとって、英語が難しいのは、当たり前なのです。決して私たちが「頭が悪い」わけではない。これは、少しほっとさせられることではないでしょうか。単に、日本語の鍛錬《たんれん》が、英語に役に立つ部分が残念ながら、少ないだけです。

私たちにとって英語が難しいということは、逆に、英語が母語の人たちにとって、日本語習得が難しいということでもあります。白井さんの本には、アメリカ人がさまざまな言語を習得するのに要する時間を比較した表が載っています。

それによれば、週30時間の集中コースで、アメリカ人がフランス語やドイツ語を（上級レベルまで）習得するのにかかるのは20週ですが、日本語はその倍以上の44週かかります。30時間で44週ですから、やはり1000時間以上ということです。

ちなみに、英語と日本語がかけ離れているということは、残念ながら、アジアで日本人の英語力が最低であることの言い訳にはなりません。アジアのほかの言語、中国語も韓国語もタガログ語も、日本語同様に、英語からは遠い言語だからです。同じ遠い距離であっても、時間をかけて勉強すれば、それなりに習得できるからです。

より詳しくはこの本を読んでもらいたいのですが、たとえば白井さんの本にあるポイントで、私も同じように強調したいのが、下記の4点です。特に、4については、私がしつこく、しつこく、これまで言ってきたことですよね。

1　インプットが基本だが、アウトプットも必要
2　自分が分かるものや興味があるものを、読んだり、聞いたりする時間を増やすこと
3　英語そのものを勉強するのではなく、英語で情報を得る、英語と別の活動を結びつけるなど、英語を活用すること
4　とにかく、モチベーションを保ち続けること

そして、白井さんの本ではあまり強調されていない次の点を、私は加えたいと思います。

5　語彙が増えなければ意味がない

1の「インプット」とは英語を聞くことと読むこと、「アウトプット」とは英語を話すことと書くことです。

この章では「インプット（聞くこと、読むこと）」を中心に、5の語彙の問題を強調しつつ、実際的に書いていくことにします。とにかく、頭の中に「英語の分量」を増やさないと、私たちの英語は活性化しません。

楽しいだけでは…

こんなふうに英語学習の話をしたり、「英語がうまくならない、外国人に英語が通じない」という人の話を聞いたりして、私が最近、ますます確信を深めていることがあります。

英語が苦手だ、なかなか通じない、という人の問題は、「英語との接触時間が足りない」か「語彙（単語力）が足りない」か、ほぼそのどちらか、あるいはその両方だということです。

接触時間の問題については、第1章で述べました。

語彙の問題は、意外に語られることがないので、ここで強調しておく価値があるでしょう。英語が苦手な人に多いのは、文法でも、発音でもなく、単純に、語彙が不足しているのです。知らない言葉は聞いても分からないし、話せません。

たとえば、アメリカに行きたくて、週に2回、1年間、英会話スクールに通ったのに、初めてのアメリカ旅行で思ったほど英語が通じず、がっかりしている女性Aさん。

Aさんは元来、飽きっぽい性格。それでも1年間、スクールに通えたのは、アメリカ人のジェフ先生がハンサムで気に入ったからでした。こういうことは単純なようですが、第3章で書いたとおり、大事な動機付けです。ある意味、究極の動機付けと言ってもいいかもしれません。

実際、ジェフ先生に気に入ってもらおうと、アサインメント（assignment：課題）も真面目にこなし、教室でも大いに盛り上がった会話ができるのでした。

でも、Aさんには、費やした時間ほどの英語力はついていません。

なぜなら、それは、語彙が増えていないからです。毎週毎週、ジェフ先生と、英語で挨拶をし、天気を話題にし、おかしな発音を直してもらい、一緒にテキストを読んで、Aさんは「今日も英語をたくさん話した。勉強になった」という気になっています。

でも、海外旅行で、Aさんができたことは、それなりにいい発音で挨拶して、別にしなくてもいい天気の話をして……それから、話が続きません。

テキストにあったフレーズは頭に浮かんでも、「自分」の話ができない。いま心に浮かぶこと、聞きたいこと、したいことが伝えられない。それは、あなたに語彙力がないからです。それではあなたも面白くないし、聞いている方も面白くないから聞きません。結局、会話は途切れてしまいます。

「あーあ、思ったほど、英語がしゃべれなかったな」とAさんは思います。

「もっとジェフ先生の教室に通わなきゃ」

でも、授業時間を増やして、このまま続けても、Aさんが本当の問題に気づかない限り、英語力はついていかないでしょう。英語のテキストと、ジェフ先生との日常会話だけでは、ほとんど語彙が身につかないためです。

30代会社員の男性Bさんは、スカイプを使った英語教室で、フィリピン人のかわいい女子大生から英語を学んでいます。

Bさんの会社でも、海外事業の必要が叫ばれ、英語力が昇進条件に入るといううわさです。勉強嫌いで、英語をちゃんと学んだことがないBさんですが、「これは何かやらねば」と思います。

でもBさんのお給料はまだ安いので、格安で話題のスカイプ英会話を始めることにしたのでした。インターネットですから、自宅にいて、海外の先生と直接話ができます。先生がフィリピン人の場合、1時間1000円以下のところもあります。それなら、B

さんにも大きな負担になりません。

Ｂさんは、会社から帰ると平均週３回、パソコンの前に座り、フィリピンの女子大学生、ハンドル名「アグネス」さんと、英語で話します。年下の女子と、しかも英語で話すのは、最初は何か気恥ずかしい感じでしたが、恋人のいないＢさんには、それは癒しの時間にもなりました。繰り返しますが、こういう要素も、続けていくには必要です。

最初はすぐに言葉に詰まったＢさんも、慣れるにつれ、たどたどしいけれど英語で会話できるようになります。アグネスさんとも打ち解けてきて、音楽や映画の話をある程度、英語でできるようになりました。勉強嫌いのＢさんにも楽しく感じられ、「おれは英語でしゃべれている」という自信もついてきます。会社の同僚に、「いま、おれ、英語習っててさあ」といった話もしました。

１年ほどたって、会社で上司から言われました。

「君、英語を習ってるんだって？　いまアメリカ人が商談に来てるんだ。相手してくれない？」

断れずに、Ｂさんはアメリカ人と対面するのですが、How do you do? とか決まり文句をやり取りするのが精一杯。相手の言っていることは、ある程度聞き取れるのですが、こちらから応えられないのです。仕事のことを話す単語が思い浮かびません。Nice to meet youとか、言えるだけ言って、冷や汗と脂汗と、上司の冷たい視線を感じて、Bさんはオフィスから逃げ出しました。

「おれの1年間は何だったのか……」

そうなんです。アグネスさんと、いろいろな会話をするときに、残念ながら商談に関係するような会話をしていないため、英語が話せると言っても、こちらもはやりの映画の話や、天気の話しかできなかったわけです。

私が何を言いたいのかは、もうお分かりでしょう。Bさんの場合も、語彙力が足りないのが問題でした。フィリピンの女子大生との会話では、Bさんに必要なビジネスの語彙が、まったく身についていなかったのでした。

一般に、あなたが費やしている学習時間に比べて、英語の実戦力がついていないと感じたら、語彙の獲得に費やす時間が足りていない、と考えるべきです。単語力の不足こそが問題なのです。

この本のカバーに、「何度も失敗しているあなたが……やっても無駄なこと」とありますが、「語彙を増やさない学習」こそが、その「やっても無駄なこと」の筆頭です。

外国人と英語でおしゃべりする――そのことを楽しいと感じられるAさんやBさんの学習も、もちろん無駄ではありません。少なくとも本当の英語に触れていることで、あなたの耳も口も、英語に慣れていきます。

でも、語彙の獲得という「インプット」を欠いた「アウトプット」は、すぐに効果が低減します。

楽しく続けられるのなら、AさんもBさんも、いまの学校を辞める必要はありません。でも、それと並行して、「インプット」を増やす、つまり、語彙を贈やす時間を別にもうけるべきでした。そして、そのインプットの時間は、外国人の先生と楽しく話す時間の数倍はとるべきでした。そうしたら、2人の1年後の成果は、ずいぶん違ったものになったはずです。

しかし、本当の問題は、次の点にあるというべきかもしれません。

飽きっぽいAさんも、勉強嫌いのBさんも、楽しいと思えたからこそ、英語学習が続けられたのです。

語彙の習得？

もしかして、受験勉強でやった、単語カードのあれ？

あれはムリ。退屈。楽しくない。私にはムリ、ムリ……。

私も同感です。だから、楽しく、そしてできるだけ安く、語彙を習得できる方法を、これから書いていきましょう。

語彙習得はCPが高い

とにかく、語彙力というのが、私たちの英語習得にいかに重要か、もう少し書いておきます。あなたの象さんに、それを納得してほしいのです。

発音、文法、語彙。

英語をこの3要素で考えてみます。

先に述べたように、英語のそれらは、どれも日本語とかけ離れているので、マスターするのは難しいものです。まして、3要素すべての完璧マスターなどは絶対にムリです。

そこで、私は経済的な観点からいつも、CP（コストパフォーマンス）を考えます。

費用（この場合、時間）対効果で考えて、どの要素がいちばん学びがいがあるか、と。

私はこの3つの中で、明らかにCPがいいのは、「語彙」だと思うのです。なんせ、発音は直すのが大変だし、文法については途中で頭打ちになりますが、語彙は増えれば増えるほど、英語が楽になります。

日本人は一般に、「発音」と「文法」にコンプレックスがあるのか熱心で、語彙力のことをあまり言わないように思います。しかし、実際には、日本人は発音と文法にあまりにこだわるから、英語のアウトプットに躊躇してしまい、なかなか上手にならないわけです。

発音については、私はよく人から笑われます。いかにも日本語なまり、カタカナ英語だなあ、と。もう、ちょっと聞いた瞬間に、日本人だと分かるようです。語尾に、母音がつきまくります。

それについては前にも言いましたが、私はそれで構わないと思っています。大人になってから英語を覚えた日本人は、決してネイティブのような英語を話せるようになりません。ネイティブのようになるのが目的でもありません。

それでも、外国人からは、私の英語は分かりやすいと言われます。なぜかといえば、「語彙が比較的、適切だから」ということです。とっさに正しい言葉が出ることこそ、会話では最も重要です。問題は、発音よりも、語彙。別の言い方をすれば、語彙力は、発音の多少の難も隠すのです。

極端な話、適切な語彙が組み合わせって相手に伝われば、多少、発音や文法に難があっても、相手には簡単に伝わります。語彙の組み合わせで、不明瞭な発音でもこちらがどの単語を言っているのか、向こうに分かりやすいですし、また、文法についてはあくまで補助的なものですから、語彙の組み合わせの方が意図を伝えるのにより重要なわけです。

もちろん、私だって、発音の練習にもっと時間をかければ、よりよい発音になっていくかもしれません。実際、発音専門の先生について、少しだけ勉強しました。でも、それはCPがよくないと私には思えるのです。その時間があるなら、語彙を増やした方がいいと感じて、何回かのレッスンの後やめてしまいました。

また、文法についていうなら、日本の学校英語の得意な分野ですから、あなたは基本的なことはもう習得しているはずです。逆に、実際の英会話の場面で、仮定形や過去分詞のような複雑な文法を使うことは比較的まれで、だいたい普通の過去形が使えれば、それほど不自由はしません。

あるいは、たとえば、日本語にない「冠詞」というものについて、どういう場合にa

をつけて、どういう場合がtheで、どういう場合はつけないのか、とか、理屈や記憶で覚えようとしたら大変です

そういうものは、私の経験では、語彙の勉強でたくさん英語を見聞きしていたら、自然に身につきます。ここはtheがないと気持ち悪い、みたいな感覚になるのです。ある意味、この辺もセットで覚えてしまいます。つまり、語彙の勉強というのは、単語だけではなく、文章で覚えてしまうやり方もあるのです。

「レッドライト」という映画がありますが、そこのクライマックスで、主人公がライバルから、

“How did you do that?”

と叫ばれる場面があるのですが、たとえばこの、

「ハゥ、ディジュー、ドュー――、ザット」

というのをセットで覚えてしまえば、文法も、発音もセットで、語彙ごと覚えてしまえることになります。そして、何かの時に、

「どうやってやったんだ――、教えろ――」

と強調したいときには、このセットで叫べばいいわけです。

とにかく、発音だけ、文法だけ、と単体で刻んで覚える時代はもう、学校英語で卒業しましょう。語彙と短文であなたの英語の蓄積を増やしていくわけです。

自然に身につく、ということで言えば、たとえば、こういう問題、

He（　）me too much.

この空欄を埋めよ、という問題をとっさに出すと、かなりの人が、like, call, compliment……のように答えます。

いや、likes, calls, complimentsだよ、と。

「あ、そうか、三単現のS！　中学で最初に習ったヤツだ。少し考えれば分かったのに！」

とみんな悔しがるのですが、ネイティブはもちろん、英語を聞き慣れている人は、最初から正解します。なぜなら、sがつかないと、「気持ち悪い」からです。耳と語彙で覚えているのです。いちいち、これは三単現のSだから、と思い出していたら、英会話になりません。

私も文法の本はたくさん読みました。でも、いくら本を読んでも、話せるようにならないと気づきました。文法を知っていても、実際の会話では、とっさに単語が出てこなければ意味がありません。文法もやはり、それだけを勉強するより、語彙を中心としたインプットの中で、自然に身につけるのが効果的だと思います。

ここで想像してみてください。あなたが英語しか通じない外国で、病気で倒れたとします。病院に運び込まれたとき、あなたに一番必要なのは、英語のきれいな発音でしょうか？　文法の知識でしょうか？

そうではなく、語彙力のはずです。症状や既往症を言わねばならないとき、英語で言えるかどうか。糖尿病 diabetes とか、腎臓 kidney とかを英語でいえるかどうかが致命的に重要なはずです。

英語は、極論すれば、単語さえ並べれば、あるいは単語さえ聞き取れれば、通じる言語です。これは、前述の本で、白井先生もこのように表現します。

英語という言語は、文法的にはかなりシンプルな言語で、単語の意味さえうまく把握できれば、かなりの部分が理解可能です。それに対して、形態的に複雑な言語はそうは行きません。

（『外国語学習の科学』160ページ）

形態的に複雑な言語とは、たとえばロシア語のような言語です。とにかく重要なのは、英語では「語彙力」がとりわけ効果を持つ。だから、語彙の習得や暗記は、CPが高いのだということです。語彙力が重要なことは日本語も英語も同じで、その部分は言語の距離は関わらないので日本人にとっても、楽です。

突然ですが、テストです

では、ここで、簡単なテストをしてみましょう。次の単語の意味を、あなたは知っていますか？

reward

本当は、目で読むのではなく、耳でこの単語を聞いて、すぐ意味が分かるかどうか、試してほしいのです。「音」が意味と結びついていないと、実戦では意味がありません。

さいわい、今は、英単語の発音を聞かせてくれるインターネットのサイトがいくつもあります。あなたがスマホやタブレットを持っていれば、そういうところから、いつでもすぐに正しい発音が聞けます。

ちなみに、私がいつも使っているサイトはここです。

http://dictionary.refarence.com/

さて、答え合わせ。reward の意味は「報酬」です。

〈例文〉Let's split the reward fifty-fifty.（報酬は山分けに）

ビジネスで英語を使うなら、真っ先に知っておかなければならない単語であることが分かるでしょう。ビジネス上でも、さまざまな論文や書籍でも、この reward は「頻出単語」です。Risk-reward のような形で使います。

実はこの単語、私がよく出演するテレ朝系の「Qさま」という番組で出た問題なのですが、一般正解率が10%前後だったのをみて、私は驚愕したのです。というか、ある意味、なぜ日本人が英語を話せないか、納得した瞬間でした。

まさか、rewardが分からない人が9割とは!!

このレベルの単語が分からないのであれば、英語がしゃべれないのも当然です。日本人の9割はそんなレベルなのか、と。どんなに文法や発音を勉強しても、こういった頻出単語を知らなければ、聞き取りようもないわけです。

世の中の9割の人の語彙力は、もう最初から英語が無理なレベルということです。日本人の英語力の問題は語彙力ではないか、と、そういうことから思い始めたのでした。

フィリピンの女子大生とスカイプで1年、英語を習っても、この単語が分からないなら、意味がなかったということです。もし、あなたも、この単語でつまずくならば、そうとう焦らなければいけません。

もちろん、rewardなんて簡単すぎる、という一割の方、たいへん失礼しました。

では、こちらの単語はどうでしょう。

approximately

この単語も、できれば耳で聞いてほしいです。

そして、この単語の場合は、自分の口で言えるかどうかも、確認してください。

意味は「およそ」「約」ということです。私たちが英語の授業の最初の方で習うaboutと同じですが、aboutはほかにも意味が多すぎるので、ビジネスの会話ではこちらを使うことが多いと思います。

もちろん、英文記事や書類に普通に頻出する基本単語です。

〈例文〉The total is approximately ten thousand dollars.（合計はおよそ1万ドルです）

発音できたでしょうか？

もっとも、ここでも、発音にそれほど神経質になる必要はありません。これだけ長い単語になると、多少発音が悪くても、相手は「approximatelyのことだな」、と聞き取ってくれます。

さて、わずか2語のテストでしたが、あなたはできたでしょうか。

このrewardとかapproximatelyとかのレベルの単語が分からない人に、英語でのコミュニケーションはムリです。

でも、実際には、多くの日本人は、そのレベルなのです。

私も、会社に就職したばかりのころは、そんなレベルでした。さすがに外資系にいたので、いま例に出したようなビジネスに関する単語は先に覚えましたが、それでも、最初はあわれな語彙力でした。あなたは英語を聞き取れないのではなくて、英語を聞き取るために十分な単語力がないのです。

はい、光が見えてきましたね。そう、語彙力をつけることで、ヒアリングも、スピーチも必ず上達します。さあ、これから、私自身が体験し、日本にいながら英語を学んできた方法を集約し、大人のための、効果のある語彙力増進法を書いていきましょう。

大人の英語学習のポイント1 「あなた中心」の目標

私たちは、学校の英語でみんな英単語の勉強をさせられていますが、それはたいてい退屈なものでした。暗記モノの典型のようなものだったからです。

でも、落第しないように試験で及第点を取る、大学に合格する、というのも、強力な動機付けでした。そのおかげで、私たちはある程度の単語力がある。でも、その単語力では、実際の英会話には、はなはだ不十分なのでした。

そこで、大人になったあなたには、新たな動機付けが必要です。

試験勉強が退屈なのは、その試験が、あなたのために作られたものではないからです。世間一般の平均というか、特に誰のためというものでない、試験のための試験ですから、それ自体に興味をひかれないのは当然です。

あなたのこれからの学習のためには、「あなた」「おれ様」の興味や関心を中心にドンとおいて、英語学習の方向を決めてください。

ということで、この章の最初に書いた、「英語学習のポイント」のうち、説明していなかった2つをここで説明します。

A　自分が分かるものや興味があるものを、読んだり、聞いたりする時間を増やすこと

B　英語そのものを勉強するのではなく、英語で情報を得る、英語と別の活動を結びつけるなど、英語を活用すること

Aの、「自分が分かるもの」は、たとえば、あなたの現在のビジネスに関わることでもいいです。あなたのいる業界の海外の新商品の情報、ヒット商品の情報などは、あなたの仕事の関心と直結し、仕事上の実益や、あなたの出世に結びつくでしょう。

もちろん、まったくの趣味でも構いません。たとえばTVゲーム。いまのTVゲームのビッグタイトルはたいがい世界で同時に発売されますから、その攻略法 walk through や、ヒント tips やチート（裏技など）cheat は、英語でいち早く知ることができます。

Bの例としては、私が米国のサイトからコーヒーメーカーを買ったように、英語で買い物をすることです。英文メールで注文する。あるいは、ゲームならば、外国人と英語でチャットしながらネット対戦を試みる。

そういうことであれば、楽しいし、実益もあるし、続けられそうでしょう。

また、何か調べるとき、日本語のウィキペディアでなく、英語版のウィキペディアを読む。英語で情報を得る習慣をつければ、自然に英文を多読するようになります。

でも、問題は、こういう「英語を」ではなく、「英語で」何かするようになるには、すでにそれなりの英語力、特に語彙力が前提になっている、ということですね。

米国のサイトを、少し辞書を引くくらいで読めればいいですが、ほとんどがチンプンカンプンということでは、続かないでしょう。でも、そういう人も多いと思います。

リスニングでも、「なんとなく分かる」くらいのスピードや内容から始めるのが効果的です。でも、どんなにゆっくりでも何を言っているか分からなければ、それは英語力が低すぎるので、もっと基礎的な勉強から始めなければいけません。

実は、言語学習におけるインプットとアウトプットの関係はいろいろと議論されており、前述の白井先生の『外国語学習の科学』の大きなテーマの一つです。

簡単にいえば、言語学習はインプットだけで可能か、それとも、アウトプットも必要か、という問題です。

言語学習がインプット、すなわち聞くこと（と読むこと）だけでできる、というのは、母語の場合に確かめられています。たとえば幼児が、なかなか言葉をしゃべらないと思ったら、いきなり完全な言葉をしゃべりだした、という例は多いそうです。幼児は、聞くだけで、言語を学習していたのでした。アウトプット、つまり「話す」訓練は、必要なかったのです。

それは、外国語習得の場合も同じなのか、という議論ですが、結論から言うと、やはり、大量のインプットと、補助的なアウトプットの組み合わせが必要なのです。これは、前の方で書いた「手続き記憶」のやり方とも合致しますし、私も英語がようやくできるようになったのは、毎日何時間も、徹底的にインプットをしたからだと思います。もともと、アルクの「ヒアリングマラソン」のような教材も、同じ発想から生まれました。

いずれにせよ、インプットが圧倒的に重要なのは間違いありません。自分の好きな分野の情報を中心に、浴びるように英語をインプットすることで単語力も伸びていきます。

ただ、自分の興味がないことは続かない。続かないので、どうやったら続けられるかという方法を考え抜いてほしいのです。私はビジネス関係の書籍を英語で聞くとか、読むとか、あるいは大好きな映画を何本も英語のまま見たり聞いたりするとか、もう、日常的に英語を聞くことが20年くらい習わしになっているのでなんともありません。これを繰り返すことが遠回りなようで、一番近道だと思います。

大人の英語学習のポイント2　電子メディアの活用

英語学習を始めたとき、20年以上前の時代でしたから、私がたくさんの英語学習の本や英語学習教材を買い集めたことを、前に書きました。そして、それには、そうとうなおカネを払っています。いつも書店の英語学習コーナーをチェックし、主要な教材はほぼ試しました。

それから20年たった今、そういうものを発売していた出版社や教育会社は、当時と同じスキームで今でも商売をやっていけるのか、他人事ながら心配です。なぜなら、主にインターネットによる革命で、世界から良質の英語素材が安く、またはタダで、ほぼ無限に入るようになったからです。のちに紹介するＴＥＤ《テド》のスピーチのように、ネイティブの発音を好きなだけ聞くことができるようになったのは信じられません。

オーディオブックだって、昔はカセットでしたし、その後はＣＤからＭＤにせっせと移して持ち歩いていました。いまは、ダウンロードで一瞬です。映画のＤＶＤも９８０円で手に入りますし、光ファイバーなどを通じて、月間固定費で観ることができるチャンネルもいくらでもあります。もう、英語学習に教材に対して、お金をかける必要がほぼまったくない時代になっているのです。恐ろしいくらいの情報革命です。

そして、これらの教材は、インターネットで配信することが中心であることもあり、ほとんどがデジタルメディアです。

教養のための読書となればまた別ですが、私は英語学習の素材として、いまは紙の本や英字新聞、教材は使いません。「紙」は、どんどん家に溜まっていきますが、電子であれば、家がすっきりとしたままでいられますし、いつでも、どこでも、スマホやタブレット、パソコンで観ることができます。『ウォール・ストリート・ジャーナル』も、『フィナンシャル・タイムズ』も昔は紙で取っていましたが、今はオンラインで楽々です。洋書もほとんどみんな、キンドルで買っています。最近、オーディオブックサイトであるオーディブルがアマゾンに買収されてから、オーディブルとキンドルが連携するようになって、ますます便利になりました。

なお、キンドルには多少たどたどしいですが、合成音声で書籍を読み上げてくれる機能もあるため、オーディオブックになっていない書籍でも、耳で聞くことができます。いまとなってはもう、英語の教材は高いから、というのは言い訳になりません。何よりも安いものの1つになってきました。

大人の英語学習のポイント３　ＰＤＣＡ

ポイント１で、目標においては「あなた」中心、主観的でいいと言いましたが、方法論の中には、客観性を取り入れなければいけません。あなたの学習の進度を、ある程度客観的にあなたが把握しなければならないのです。

ということで、ＰＤＣＡ《ピーディーシーエー》を使いましょう。ＰＤＣＡについては、さまざまなビジネス書でさんざん扱われていますし、私も大好きな概念です。とにかく、人生そのものがＰＤＣＡだと思っています。私たちは試行錯誤と消去法からしか本質的には学べないので、ＰＤＣＡを回さないと先に進みません。

ＰＤＣＡサイクルとは、Plan（計画）→Do（実行）→Check（評価）→Act（改善）という一連の活動の頭文字をとったものです。

英語におけるＰＤＣＡを考えてみると、まずPlanというのは、ＴＯＥＩＣでスコアをこれだけ取るとか、数年後に留学する、といった目標を立てることから始まります。もっと日常におけるPlanであれば、この日に英語のプレゼンテーションを行うとか、この日までに英語のレジュメを送るといった計画を立てるわけです。

実は、TOEICのテストは、海外の語学専門家に言わせると「Dinosaur」といって笑ってしまうくらい、古くさいものだと言うことでした（さて、ここで、Dinosaur、辞書を引かずに分かりますか？　私はこの会話をネイティブの方と口頭でしていましたが、ダイナソーと聞こえたとたんに、瞬時に分かる、くらいの感じでした。よく言っている語彙力は、これくらいなら楽々クリア、というのが目標です。答えは、直訳は恐竜、その比喩から、古くさいもの、という意味です）

そしてそれに向かってやってみるのが、Do。TOEICの勉強をして、実際に試験を受けてみます。あるいは、英語でプレゼンテーションをしたり、外資系企業の英語の面接を受けてみるなどといったことです。

すると、それについて、何らかの反応が返ってきます。そこでCheck。スコアが思うように伸びなかったり、プレゼンの反応が悪かったり、面接ではじかれたりするとします。すると「あちゃー」となって、自分になにが足りなかったのか振り返って考えます。

そして、どうしたらそのできなかった部分をできるようになるのか考えて、改善していく。これがAction。この繰り返しで、もうひとつ次の段階に進んでまたPlanを立てる。

これが、英語におけるＰＤＣＡサイクルです。『スイッチ！』でも書かれていますが、「象さん」を導いていくには、遠い目標を示すことともに、「変化を細かくする」ことが必要です。つまり、小さな課題を積み重ねて、象さんの目がほかにそれないようにするのです。ＰＤＣＡサイクルは、そのためにも役立ちます。

そのつど、ＴＯＥＩＣで何点とるんだ、と目指してがんばる。ゴルフのスコアと一緒ですよね。最終的に、シングルプレーヤーをめざすのと、ＴＯＥＩＣで９００点をめざすのとは同じです。実際、ゴルフのシングルよりは、ＴＯＥＩＣ９００点の方がランダム性が小さいから、易しいくらいだと思っています。ＴＯＥＩＣの模擬試験もありますから、そこで模擬問題を解くことで、自分の欠点も分かります。

プレゼンテーションは、私はアナリスト時代、何回か、会社の専門家からのレッスンを受けました。私のプレゼンテーションを録画して、どのような英語を話せばいいのか、スピーチのスピードをどのくらいにするのか、間をどのくらい持つのかなどについて、ネイティブがレビューをしてくれたのです。

私たちは、自分の目標を立てて、少しずつ、上手に進捗していくしかできないわけです。「毛布を積み重ねるように」という表現がありますが、ほんの少しずつ、少しずつ、改善していって、気がついたらとんでもないところまできていた、そのためにはPDCAを回す以外の方法はありません。

リスニングの圧倒的重要性

さて、英語学習の基本はとにかく「聞く」こと。リスニングです。もう、これはどんなに口を酸っぱくして言ってもいいと思います。英語ができないという人のほとんどは「リスニング」不足です。言っちゃなんですが、たかだか、100時間も英語を聞かない中で、「英語が聞き取れません」というのは、当たり前です。なぜ、英語を聞いたことがないのに、聞き取れるようになると思うのかの方が不思議です。

私たちは最初、どうやって言葉(日本語)を覚えたのでしょうか。おかあさんや家族の言葉を「聞く」ことによって、です。「聞く」というインプットだけで、言語は本来、習得できる、という話もしました。

それなのに、学校での英語では、リスニングの時間が圧倒的に欠けていました。英語の授業の時間は長くても、本物の「音声としての英語」との接触時間は、非常に短かった。それが、あなたが英語ができない、主な理由です。実際、今これを読んでいる方、聞いてみますが、意識的に英語を聞いたことはこれまで何時間ありますか？　さらに、1000時間以上、聞き流しでもいいから、聞き続けた人はいますか？　ほとんどいないはずです。1000時間とは、毎日3時間で1年間です。

英単語も、これまでは「目」で、つまり文字として覚えていたかもしれません。学校の試験では、「文字」つまり、つづりの正しさを試されるだけだからです。あるいは、文章の読解力を試される試験でした。

しかし、これからは「耳」で覚えなければいけません。そうでなければ、実戦で聞いたり、話したりできないからです。書くときですら、私たちは話す内容を頭で想像して、そこから文字に起こしているわけです。

さて、英語を勉強し始めたときは、誰でも、自分の母語、つまり日本語が「邪魔」をしているように感じます。頭の中で、英語をいちいち日本語に訳して理解しようとする——そうすると、すぐに英語のスピードに追いつけなくなります。

英語を読むときも、話そうとするときも、そうです。あなたが学校や受験勉強で得た英語の知識を頼りに、いちいち英語を日本語に、日本語を英語に「翻訳」しようとすると、実戦ではたちまち、頭がパンクしてしまいます。誰でも最初は経験があるでしょう。それは、その時点での脳の能力を超えているのです。

翻訳をするとなぜ間に合わないかというと、私たちが「ワーキングメモリ」といわれているような、非常にキャパシティが限られていて、かつ、遅いメモリを使ってしまうためです。いちいち、とても遅い機械が逐次翻訳をしながら解釈をしているようなものですから、相手のスピーチのスピードや、今読んでいる英語の文章の読解に、まったく間に合いません。

これは、学校英語の中身自体が悪いわけではありません。何度も言うように、「時間」の問題です。

最初は誰でも、頭の中で、英語を日本語に訳して理解します。母語が基本なのですから、一定の分量がたまるまでは、その学習プロセスで当然です。問題は、学校の英語が、しばしばその段階で終わってしまうことなのです。

それを超えて、さらにさらに時間をかけて英語と接触し続けると、頭の中の「翻訳」作業が、しだいに「自動化」されていきます。英語を処理する部分が、頭の中に、別にできるような感じです。特に、文章のある程度の塊が意味をなすようになり、それを概念で覚えてしまうので、いちいち日本語に訳す必要がないのです。あるいは、訳したとしても、瞬時に対応する日本語が頭に浮かぶため、訳している意識すらありません。これはある意味、「英語脳」といいましょうか。それで、脳全体に余裕が生まれるようになります。

英語を聞いたときに、情報が直接「英語脳」に入り、自動的に処理されるようになると、英語ができるという状態になります。無意識でも、言葉の意味が分かるようになるのです。私たちは日本語を聞き取るときに、いちいち、ひとつひとつの言葉の意味を考えません。組み合わせのチャンクとしての文章から、意味をくみ取っています。同じことが英語でも起こるのです。

本当は、超快速に、頭の中の「翻訳機械」が回っているということかもしれません。それは、スポーツで、最初はきつかった体の動きが、練習するうちに楽に、スムーズになるのと、そんなに変わらないと思います。新しい筋肉がつき、無駄な動きがなくなることで、そうなるのです。これは、手続き記憶の話でも繰り返してきました。

私たちの脳というのは、私たちがふつう考える以上のことをしてくれます。特に、たくさん聞けば聞くほど頭に残っているのは、「ミラーニューロン」という働きが脳内にあるためです。

ミラーはもちろん鏡のことです。脳内にあるこの細胞によって、私たちは、他人の行動を見ていると、それがまるで自分に起こったことのように錯覚して、相手の行動を自分の鏡に映すように、同じ行動をとってしまうことがあります。これは霊長類にしかみられない細胞だそうで、別名ものまね細胞と呼ばれています。

知り合いにゴルフのとてもうまい人がいて、どうやってゴルフを覚えたのか聞いたことがあります。彼女は、服飾のデザイナーだったのですが、依頼された仕事で、スポーツウェアとしてのゴルフウェアをデザインするため、ゴルフを全く知らない頃から、2年間くらい、その参考に、ひたすら宮里藍さんのDVDを観たそうです。そうしたら、いつの間にか、ゴルフもできるようになっていた、と。もともとは、どういう動きのためにどのような立体設計をすればいいのか、考えるために観ていたのですが、いざ、ゴルフをしてみると、同じスイングができてしまったそうです。

これこそ、ミラーニューロンの働きかもしれません。心理学では昔から、「観察学習modeling」ということが言われます。観察する、つまり、見たり聞いたりするだけで、観察対象と同じことができるようになる。一見、不思議だけれど、自然なことなのです。

　このように、私たちには、もともと、すごいモノマネの能力が備わっています。英語学習においても、耳から聞いた英語をそのまま口でまねするシャドーイングというトレーニング方法がありますが、まさにこのモノマネ能力を使ったもので、非常に効果的であることが知られています。

　時間をかけるにつれ、そうした生まれつきの能力が、想像以上の力を発揮してくれるのです。

　あとは、これらを生かすためのスキルの問題です。

　英語を聞き始めた人は、最初は、10分も聞けば疲れてしまうかもしれません。頭が限界に達し、英語について行けなくなる。しかし、それが20分、30分、１時間と、だんだん平気になってきます。

　これも運動にたとえるなら、水泳と同じです。初心者は、25メートルとか50メートルとかで息が上がり、泳げなくなります。上級者になれば、何キロでも泳げるようになる。それは、手のかき方の効率とか、姿勢とか、息つぎとか、細かなスキルを積み重ねてきているからです。上級者ほど、同じことを理解するのに疲れなくなっていくわけです。

いずれにせよ、何度も言うように、蓄積による時間が解決する部分が大きいので、水泳にたとえるなら、とにかく水の中に、プールに漬かることです。プールの水は、いわば「英語」です。最初は犬かきでもいい。たまには歩いてもいい。できれば毎日、とにかく「プール」の中に入って、「英語」と接し、「英語」を浴びること。

その「英語を浴びる」環境で、実際にいちばん実現しやすいのは、「耳」から英語を入れる、リスニングです。私はいまでも、平均2~3時間は毎日、映画やオーディオブックを活用して、英語を聞いています。お正月は、録画しておいた洋画を1日3本ずつくらい、見たりしました。ＷＯＷＯＷとスターチャンネルのエアチェックのほか、ローソンやセブン‐イレブンで９８０円で売っているＤＶＤはけっこう買っていて、ものすごい量の英語を聞いています。

リスニング素材1　映画など

ここまでリスニングの効用を説いてきたので、さっそく、実際のリスニングにかかってほしいのですが、問題は、すべての人がすぐに、洋画やオーディオブックなどのリスニングにかかれる状態ではないということです。

リスニングの学習効果は、２割ほど分からないくらいがいちばんいいと言われますが、２割どころか、８割９割分からない、という人もいます。実際、私が紹介しているいくつかの簡単なオーディオブックでも、歯が立たない、という感想をよく聞きます。

すべてのレベルの人に合わせたアドバイスは、私にはできませんが、とにかく、とっかかりには、まず高校レベルの単語や短文の見直しをしてみてください。

あなたは学校で、リスニングの勉強はあまりさせてもらえなかった代わりに、単語の暗記とかはかなりさせられています。今こそそれを生かすときです。一度覚えたことのある単語は、案外、頭のどこかに残っているものです。それを、これからの学習の土台にしましょう。

ここでのポイントは、あまり完璧主義にならないことです。すべての単語を書き取ろうなどとしたら、まんま受験勉強の再現になってしまいます。それだけで、もううんざりでしょう。

昔、覚えるのが難しかった単語、どこでどう使うか分からないような単語は、いままでも覚えにくいはず。そういう単語は、これから、リスニングや読書で自然に身につけていけばいいのです。最初から無理をしないでください。とにかく、ざっと見てみて、へ――、こんな意味だったっけ、くらいが漠然と分かっていれば十分です。手元にもし辞書が残っていたら、それをパラパラと暇なときにめくってみて、昔覚えた単語を記憶の中から引き出してみてください。

リスニングの素材などの英語学習の素材選びについて、もう一つ大事なことは、「現代の本物の英語」を選べ、ということ。50年も前のような古い素材を今さら使う意味は薄いでしょう。また、学習用に、スピードをゆっくりにしたものや、語彙を制限したようなものは、学習の密度を下げるだけなので、避けるべきです。

それに、最初は易しいものから、と、子供用の英語教材を始めても、大人には中身が面白くないから、続きません。大人のあなたが関心をもてる内容がないと、「象さん」の根気が続かないのです。だから、ちょっと無理をしてでも、自分が興味あるビジネス分野とか、趣味の分野を選ぶことをお勧めします。

もっとも、人によってレベルの差があります。どうしても「本物の英語」についていけない人は、遠回りせざるを得ないかもしれません。そのときには、潔《いさぎよ》く、いろいろなレベルの英語を聞いて、とにかく、分かるもの、続けられるものを選んでください。できることから始めましょう!!

また、いくら「現代の本物の英語」を選べといっても、最初からCNNニュースの早口の英語を聞き取るのは、一般には難しすぎるでしょう。自慢じゃないですが、私だってかなり厳しいです。もし、身の回りでCNNのニュースが分かると言っている人がいれば、見栄っ張りか、そうとうの努力家か、どちらかです。

やはり、書籍を朗読しているオーディブルや、会話が中心になる英語の映画やドラマなどが、入りやすいと思います。なんせ、これらは内容がおもしろいから、自然に続くのです。これこそが、重大なポイントです。努力を無理にするのではなく、気がついたら努力できる環境を整えることが、本当の努力だと思います。

とにかく、おもしろいものを見つけることが大事です。私は毎日30分から2時間、英語を聞いています、といえば、あなたは、「ひえ〜、私にできるかしら」と思うかもしれません。でも、洋画を観れば、自然に2時間、英語を聞いたことになります。それならできるし、楽しいと思えませんか。ドラマでも、映画でも、何でもいいです。

もちろん、アメリカのTVドラマでも構いません。ご承知のように、１９９０年代半ばの「ER緊急救命室」あたりから、脚本やキャストが映画並みの上質なドラマが作られています。だいたい1話1時間以内ですから、映画より手軽に接することができます。私も、「セックス・アンド・ザ・シティ Sex and the City」や、「ボーンズ Bones」などをよく観ました。どちらも、DVDセットをコンプリートで買ってしまいました。最近のお気に入りは「レボリューション Revolution」です。ともかく、あなたの好きな映画や番組を素材にすればいいのです。ふだん、あなたがテレビを観ている時間を、そのまま、洋画や英語のドラマに移せばそれでいいので、大丈夫です。

映画もTVドラマも、もちろん吹き替えではなく、字幕版でないと英語の勉強になりません。そして、できれば、日本語字幕が消せたり、リスニングで聞き取りにくかったときの確認用に、英語字幕が出せる方が好ましくなります。そうなると、エアチェックよりは、DVDやブルーレイなどで買った方がより利便性が上がります。

日本で売っている日本版のDVDやブルーレイでも、日本語字幕が消せるのはもちろん、今では英語字幕が使えるものが多いと思います。また、あまり知られていないことですが、DVDはアメリカと日本でリージョン（地域）コードは違いますが、ブルーレイは同じなのでアメリカで売っているブルーレイは何も加工せずに、日本でそのまま観ることができます。

それなので、せっかくですから、海外からブルーレイのディスクを買ってはどうでしょう。前に言った、英語「で」活動する実践です。たとえばアメリカのアマゾンにアクセスし、英文を読んで、注文する――それだけでも、実践的な英語の勉強になります。送料も数ドルですから、それほどかかりません。

そして、実利もともないます。日本版でパッケージが出てないものはもちろん、日本で公開も放送もされていないものまで、観ることができるのです。しかも、たいがいは非常に安く買えます。「ブラック・スワン」とか「英国王のスピーチ」などは、私は、日本で映画館でやっている時期に、すでに手元にアメリカから取り寄せたブルーレイがありました。

アメリカのＤＶＤは、リージョンコードが違うので、日本の一般的なＤＶＤプレーヤーでは観られません。それでも、たとえばパソコンのＤＶＤプレーヤーはリージョンコードを切り替えられるものがありますので、そういうものを活用して、アメリカでしか売っていないものを観るのもおもしろいです。私はコメディやインタビューのＤＶＤなどを取り寄せて、日本でよく観ています。

ついでに書けば、リージョンコードが同じヨーロッパ製ＤＶＤの場合も、映像方式が

PALといって、日本のNTSC方式と違うので、やはり日本の一般的装置では見られませんので、注意してください。

どうしても観たい場合は、リージョンコードをアメリカやヨーロッパに合わせた専用のプレーヤーが売っていますので、そういうのを手に入れる方法もあります。いまは1万円もしません（これ以上のことは、ネットなどで各自お調べください）。

米国版のDVDやブルーレイを買う場合は、英語字幕がついているかどうか、サイトなどで確認した方がいいでしょう。だいたい、英語と、スペイン語の字幕はほぼ入っています。フランス語や日本語は入っていたり、入っていなかったり、です。

米国人が米国で自国の映画やドラマを観るとき、字幕は必要ないのですから、英語字幕はないのが当たり前のようですが、そうでもなく、けっこう入っています。これ、なぜだか分かりますか？

ひとことで字幕といっても、米国の場合、いわゆる字幕 subtitleと、キャプション captionとが区別されています。

英語字幕は、たいがい、クローズドキャプション closed captionまたは単にキャプション caption(s)と表示されています。このキャプションとは、聴覚障害者のためにつけられている説明なのです。ふつうの字幕の会話部分はもちろん、「いま主題歌が流れている」「電話が鳴っている」といったドラマの中の状況説明も英語で入っています。ちなみに、「クローズド」は、「ふだんは隠されているが、操作すれば現れる」という意味です。

だから、たとえば、

Captions: English,　Subtitles: Español, Français

といった表示がされていれば、英語のキャプションと、スペイン語とフランス語の字幕がついている、ということです。

いずれにせよ、私たちの目的にとっては、キャプションも字幕も変わりません。どちらでも、英語でついていればＯＫです。また、聴覚障害者用の字幕は、状況説明をああ、こんなふうに英語で言うのだ、という気づきもありますので、一緒に観るとおもしろいと思います。

最初は、日本語字幕版か、吹き替え版で、一度観たことがある映画やドラマを、もう一度、日本語字幕なしで観るのがいいでしょう。筋は知っているのですから、リスニングも容易になるはずです。

そして、どうしても聞き取れない場合は、英語字幕を出して、意味を確認すればいい。また、このときにも100％聞き取れる必要は一切ありません。だいたい筋が分かる程度に聞き取ることができればOKです。

その次の段階としては、あなたの英語力にもよりますが、初めて観る映画やドラマを、まず英語字幕で観て、だいたい筋が分かったところで、字幕を消してもう一度観ましょう。

DVDなどの便利な点は、このように何度も好きなだけ繰り返して観られることです。本当は、後に述べるように、「後戻りできる」という安心感は、学習の緊張感を奪うし、途中で止まっていては、結果として得られる情報量も減ります。実戦では、英語は聞き返せず、どんどん流れて行くのです。でも、最初は、何度も聞き返せるという安心の「はしご」が必要でしょう。

そして、映画やドラマの質がよければ、何度でも観るに値します。あなたの耳が慣れてくれれば、日本語字幕にない言葉やニュアンスが聞き取れてきて、作品をより深く味わえるようになるでしょう。これは文句なく楽しくて、実のある英語学習になるはずです。私たちに必要なのは英語のシャワーの蓄積です。言葉の組み合わせで頭の中に意味がたまっていき、そうすると、画面と、動作と、状況に対して言葉があり、何かの英語の言葉を見ることで、そのときの意味合いを頭の中で思い出して、再現できるようになるからです。これもしかも、何回も何回も、その言葉を聞けば聞くほど、その状況への再現性が高まっていきます。

映画やドラマなど視覚を使うメディアで、もう一ついいのは、英語圏の人のジェスチャーやボディランゲージも学べるということです。これは、リスニングだけでは分からないところです。

たとえば、両手をチョキの形にして、カニの真似のように頭の横に出し、指をクイクイと曲げる、あのポーズを海外ドラマなどで見たことがあるはずです。

あれは、エアクオート air quotes と呼ばれるジェスチャーです。指で英文のダブルクォーテーションマーク（" "）を表し、いま話している言葉は引用 quotation だよ、と相手に示しています。日本語でいえば、「いわゆる」とか「カギかっこ付きの」という意味、多くの場合は皮肉な意味を示すときに使われるのです。

このジェスチャーは昔からあったわけではなく、１９９０年代くらいから、コメディアンのスティーブ・マーティンが多用したことで広まったといわれますが、いずれにせよ、視覚メディアで見ないと、こういう「言外の意味」を知ることはできません。

ＤＶＤのような形で買わなくても、前に触れたようにネットを使えば、いまは無数の英語の映像素材を、ほとんどタダで使えます。

たとえばユーチューブ YouTube で、視聴回数世界ランキングの上位はたいがい英語の動画ですし、しかも間違いなく面白いものが入っています。世界の主要なニュース映像なども入ってきますから、毎日、ランキングの上位の動画をチェックするだけでも、楽しく英語と時事の勉強ができます。

そのユーチューブにもチャンネルがありますが、ＴＥＤはすでに有名な素材でしょう(http://www.ted.com/)。最先端の著名人のプレゼンテーションを動画で提供するサイトで、字幕付きの日本版サイトもあります(http://www.ted.com/translate/languages/ja)。ただ、ＴＥＤは演技や朗読の専門家が話しているわけではないので、ドラマやオーディオブックよりは明瞭な英語でないことに注意が必要です。やや、難易度が高くなります。また、内容もかなり高度で抽象的ですから、ＴＥＤが聞き取れないからといって、がっかりする必要はありません。

ネットを使うにしても、いまはパソコンに限らず、対応テレビ（スマートテレビ）やアタッチメントを使えば、居間の大型テレビで、ネットからの映像を楽しむことができます。

アップルのコンピューターを使っている人にお勧めはアップルＴＶ appleTVで、Ｗｉ-Ｆｉ《ワイファイ》環境さえあれば、最初の１万円くらいの出費で、ユーチューブはもちろん、『ウォール・ストリート・ジャーナル』やブルームバーグが提供する英語の経済ニュース映像を、テレビの大画面で、見放題に見ることができます（一部は有料）。

そのアップルＴＶにも最近入ったアリランＴＶ ArirangTVというチャンネルでは、韓国人が英語でニュースやドキュメンタリー番組を提供しています。パソコンからも見られるはずです。内容もいいですし、韓国が英語に力を入れているのがよく分かります。韓国人が普通に英語でコミュニケーションをしているのを見ると、「負けてられん」というライバル心が燃えますから（笑）、お勧めです。ある意味、日本語と同じくらい、英語と言語距離が遠い韓国の人たちでも、あそこまで学べるのなら、私たちだって大丈夫、と思うと思います。韓国は国内市場だけでは成長できない時代が日本よりも早く来たため、それだけの気づきがあったわけです。私たちも早く、追いつけ、追い越せが必要です。

リスニング素材2　オーディオブックの活用

DVDやブルーレイなどの視覚メディアは、画像もあり、意味合いに集中できるのですが、観ることができる場所を選びます。それが唯一最大の欠点です。家にいるときにしか主に使えないわけです。

私は、毎日30分から2時間、英語を聞くといいましたが、その半分は、移動中の時間やスポーツクラブの時間を使います。その場合、便利なのは、音だけの素材です。

私がとくに勧めているのは、英語のオーディオブックです。要するに洋書の朗読を収録したものです。

日本ではオーディオブックというのはあまり売られていませんが、英語圏では昔からけっこう売られていて、洋書店にも置いてありました。古典やベストセラーを有名な俳優が朗読していたりします。私は昔からこのオーディオブックのファンで、カセットや

CDの時代から親しんできました。もともと、英語は耳で聞くのに適した言語であることと、車の移動の時間が長いので、オーディオブックが発展したようです。一方、日本語は同音異義語が多いのと、朗読すると一定の情報量を伝えるためには、英語よりも長い時間がかかってしまう傾向があるので、あまり朗読本は発達しなかったようです。

今はオーディオブックもネットからバンバン手に入ります。私は、何回か紹介しましたが、最大手のオーディブル（www.audible.com）というサイトから買っています。約10万タイトルが売られているとされます。日本からもダウンロードできます。

一般的な使い方としては、月ぎめ契約の会員になって、毎月1冊とか2冊とかダウンロードする方法がいいのではないかと思います。もちろんその場その場でオーディオブックを買うことはできるのですが、やや割高になってしまいます。

ここにあるオーディオブックの長さは、おおむね4時間から、長いもので10時間以上です。長めのものなら、月2冊で十分です。

オーディブルのオーディオブックは、ウィンドウズでもMａｃOSでも、アンドロイドでもiOS（アイフォーンなど）でも使えます。私は、自分のアイフォーンやアイパッド・iPadに直接ダウンロードして、徒歩や電車での移動中に聞いています。車の中では、USBケーブルでつないだり、無線のブルートゥース Bluetoothを使って、車内スピーカーから流します。特に、ブルートゥースの方法は、手元にスマホがあって、車にエンジンをかけた瞬間、自動でペアリングが始まり、すぐに聞きかけているオーディオブックが流れるので、無駄なく、お勧めです。何回か出している『スイッチ！』という本も、邦訳が出るずいぶん前に、オーディブルからダウンロードして聞いていて、「おもしろいなぁ」と思ったものでした。ちなみに、日本語で「象使い」と訳されているのは、実は、原書では「Rider」で、どちらかというと、「乗り手」というニュアンスですね。

オーディオブックがいいのは、場所を選ばないので、このように空き時間を無駄なく使えることと、また、タイトル数が多いので、そのときどきの自分の興味・関心に合ったものを選べることです。マーケティングに興味があるときには最新のマーケティング理論の本をばんばんダウンロードしましたし、一時期、栄養学にはまっていたときには、未邦訳の栄養学の本を何十冊も聞きました。これくらい聞くと、栄養の英語の用語や、病気の言葉について、どんどん覚えてしまうのが楽しいのです。

そして、「読む」のと違って、オーディオブックの音は流れていくので、留まったり、読み返すということができないのがいいのです。ＤＶＤは何度も見直せるのがいいとい いましたが、こちらは、流れていくから、緊張感があり、より多くの情報が得られますし、流れの中で考える、という癖がつきます。紙だと、ついつい、突っかかってしまったときに先に進めにくくなりますから。

分からない単語があっても、すぐには調べられない。何度も出てくるようだったら、意味を想像して聞いていくことになります。そして、しだいにその意味が分かってきます。私たちは、最初に母語も、そんな感じで覚えていったはずです。つづりではなく、音と文脈でその単語の意味を考えて、想像して、そしてあとから調べることができれば、定着するわけです。

とにかく、最初のポイントは、文章中のキーワードをキャッチすることになります。主語、述語、名詞など。基本的な文章の構造さえ押さえていれば、文法はあまり関係なく意味をとることができるはずです。逆に、そのキーワードがとらえきれなかったり、キーワードを聞いてもその意味が分からないと先に進めませんので、そういうときにこそ、そのキーワードの意味を調べます。たまにしか出てこない修飾語とか、ちょっとした比喩で使われている難しい単語などは、ある意味、聞き流してしまってかまわないわけです。

特に文学作品ではない、ビジネス書などの場合は、現在完了か過去分詞かとかいうことは、あまり本筋に関わってきませんので、最初は気にしません。それより、否定のnotを聞き逃さないなどがポイントで、文章をひとかたまりの意味にして理解するようにします。幸い、ビジネス書系は構造がしっかりしていますので、文学作品よりははるかに聞きやすいはずです。

もともと、私がオーディオブックを聞き始めるきっかけになったのは、クレイトン・クリステンセンの名著『イノベーションのジレンマ』を友人に紹介したところ、ああ、だったらそれをオーディオブックで買うから、と言われたのがきっかけでした。試しに、私もこの本をオーディオブックで買って聞いてみたところ、邦訳で読むよりもよほど分かりやすく、そこからオーディオブックにはまる生活が始まったわけです。『7つの習慣』なども、意外なくらい平易な英語で語られていますので、実際にオーディオブックを聞いてみると、みなさん、びっくりするはずです。

繰り返しになりますが、リスニングの最終目標は、全部の単語を聞き取れるようになることではなく、相手が何を言いたいのか理解することです。そのためには、英語をかたまりで理解し、何を言いたいのか予想しながら聞きます。

もし著者の主張に関わる重要単語で、分からないものが出てきたら、そのときは辞書を引きましょう。

もちろん、答え合わせの意味も含めて、同じタイトルの本を買って、あとで読んでもいいのです。

オーディブルのオーディオブックは前に説明したとおり、２００８年にアマゾンに買収されたことから、アマゾンが発売する電子書籍のキンドルと同期できるようになりました。今では、対応しているタイトルであれば、最初は電子書籍で読み始め、途中からオーディオブックで耳から聞いて、また電子書籍に戻る、といったこともできます。

これは、キンドルのデバイスだけでなく、アプリを入れれば、アイフォーンなどのスマホ、タブレットでもできます（Whispersync for Voice機能）。自由自在に、オーディオブックと書籍を行ったり来たりできるわけです。ついでに、セットで買うと割安になっているタイトルもあります。

なお、どうしても、いきなり英語のサイトでは怖い、という方には、日本のオーディオブックのサイトもあります。

●フィービー FeBe（www.febe.jp）

ここは和書のオーディオブックのサイトですが、「語学」というカテゴリーで少し洋書を扱っていて、難易度によってレベル分けされています。これを手始めに聞いてみてはどうでしょう。MP3を再生できるプレーヤーがあれば、いつでも英語が手に入ります。和書のオーディオブックもおもしろいものがたくさんありますので、合わせて活用してみてはいかがでしょうか？

テレビを観る代わりにDVDやブルーレイをという話をしましたが、同じく、ラジオを聞く代わりに、オーディオブックを活用する形にするわけです。意外と単純ですよね？

洋書を読もう！

私は本が好きで、昔からやたら読みます。そのときに強調したいのが、翻訳書の有用性です。まぁ、毎回言っているように、書き手の分母が全く違いますから、良書に当たる可能性が翻訳書の方がはるかに高いのは確率論的に当たり前と言ったら、当たり前です。人生の参考になった本の著者の８割は日本人以外でした。

いまでは原書を読んで楽しんでいます。翻訳の仕事も少ししています。原書が邦訳されるのを待たずに読めるのは、本当に楽ですし、また、翻訳書で気に入った著者がいたら、その著者の未邦訳の本もどんどん読んでいく楽しみがあります。

オーディオブックを聞くのも、形を変えた読書ですが、聞くだけではなく、見ることによる「読む」方のインプットも忘れないでほしいのです。それは、何度も言うように、語彙力をつけるのがインプットでは重要で、そのためには「聞く」だけではなく、「読む」インプットも習慣化することで、語彙力を強化していきたいのです。とにかく、浴びるように英語を聞く、ということは、五感で感じる、いうことですから、聴覚中心のオーディオブックも、視覚中心の読書も、両方やってみましょう。

「読む」といえば、ネットサーフィンをして、ＣＮＮとか、企業広報ページとかの英文サイトを読むのも、よいインプットですし、楽しいものです。ただ問題は、検索をしたり、何を読もう、と迷う時間だけ、やや、本より不利だということです。また、隙間時間に同じテーマでどんどん読んでいくという形式になると、洋書が楽です。

とくに、本は「編集」が入っているため、一般的なウェブやブログより、かなり分かりやすくなっています。そし、本に触れることで、著者の優れた才能や人格、冴えたアイデアやフレームワークと触れる喜びに勝るものはありません。読書は大変楽しい時間ですが、そこに洋書を自由に読む、という時間を増やすと、ますます人生が豊かになります。

昔からの洋書好きの人に言わせれば、いまは天国だともいえるでしょう。ネットがなかった1980年代までは、洋書を入手するには、まず情報が少なかったですし、わざわざ専門の洋書店に足を運ばねばならず、そこに在庫がなければ取り寄せに時間がかかり、しかもたいへん高かったのです。1ドルあたり200円以上で換算されていましたから、ちょっとした本が4000円とか5000円とかしました。それが今では、10ドルしないわけです!!

いまは、ネットで情報は豊富ですし、海外の通販サイトからすぐ買えます。紙の洋書を取り寄せても、そんなに時間がかからず、しかも安いのです。円高もあって、むかしの値段は何だったのかというくらい安く、また、それが電子書籍化されていれば、ほとんど瞬時にデータが手元に届き、すぐに読み始められます。そして、保管に気を使うこともない。さらに安い。もう、日本人で日本語の著者としては、とてつもないライバルでいやになっちゃうくらいです。こうやって、英語で本を読む方法をみなさんに紹介していくのは、自分の首を絞めているような気がしないでもないのですが（笑）、とにかく、すごいのです。

洋書の購入には、私は以前、米国のamazon.comと日本のamazon.co.jpを使い分けていました。ＩＤを別々に持っていて、それぞれ有利な値段やデリバリーの時に使うようにしていたのです。ただ、キンドルの日本語化対応に伴い、洋書用と和書用のキンドルを使い分けるのが面倒になり、統合してしまいました。この辺はもう、好みだと思います。面倒でも、値段などの使い分けやキンドルを英語版で使いたいというような要望があれば、分ければいいと思いますし、Kindle cloud readerのような、アメリカのＩＤでしか使えない、ＰＣなどでキンドルが読めるサービスを継続したかったら、アメリカのＩＤを残すしかないです。

洋書が豊富な米アマゾンと和書が豊富な日本のアマゾンの「いいとこ取り」をするには、ちょっとコツが必要だったりします。

なお、両者を統合するのは意外と簡単で、アマゾンのサポートデスクにメールを書けば、すぐにやってくれます。統合してよかったのは、私は日本ではプライムユーザーなのですが、アメリカの方もプライムになりました。まぁ、悪いことばかりではないわけです。

そして、アマゾンのキンドルストア以外のところでも、たとえばアップル Apple のアイブックストア iBook store など、電子書店も増えてきました。

こうしたことは、まさにいま現在進行形で変化しているので、つねに情報収集の必要があります。

それはともかく——

洋書を読むときのコツは、何といっても、

辞書をむやみに引かないこと!

です。

分からない単語が出るたび、いちいち辞書を引いていては、絶対にイヤになります。

その単語の意味を想像しながら読み進めればいい。これも、オーディオブックで書いたことと同じです。

日本語の本だって、分からない漢字が出ても、少々なら飛ばすでしょう。それと同じです。それで、たいがいは、書いていることが分からなくはならない。

でも、何度もその知らない単語が出てくるなら、その本の主題や著者の主張に大きく関わる言葉ですから、そのときは辞書を引くようにします。

ただ、いまは、電子書籍で読むと、その語をハイライトしただけで辞書機能が働き、意味が表示されるものがあります。あれが、英語学習上、いいことか悪いことかは、迷うところです。いちいち引くことで、すごく読書のスピードが落ちてしまうからです。でも、迷ったら、両方試してみてください。

いずれにせよ、洋書も、電子書籍化によって、スマホやタブレットで手軽に読めるようになりました。前述のように、オーディオブックとの連携もできますし、読み上げ機能付きのソフトもあります。

ここまで至れり尽くせりとなれば、「英語教材」を別に求める必要はなく、好きな本をただ読めば、最上の英語のインプットになります。

特に読みたい本がなければ、売れている本から選べばいい。洋書のベストセラーというのは、専門書ではないので、だいたいは平易な英語で書かれています。

とはいっても、小説は語彙が難しいですから（和書だって、実用書よりは小説の方が明らかに、語彙も文法も高度ですよね？）、最初は避けて、ビジネス書や実用書がいいと思います。

自信のない人は、いつでも答え合わせできるように、翻訳書が出ているものから選んだ方がいいかもしれません。あるいは、すでによく読んで知っている本から選ぶのも方法の一つです。とっかかりやすいです。

以下、参考までに、私のお勧め本リストです。いずれも内容が面白く、分かりやすい語彙、分かりやすい英語で書かれていて、翻訳書が出ています。

私も翻訳に関わったことがある、人気作家マルコム・グラッドウェル Malcolm Gladwell の著作は、入門としてふさわしいと思います。

Outliers: The Story of Success
邦訳『天才！ 成功する人々の法則』（講談社）

The Tipping Point: How Little Things Can Make a Big Difference

邦訳『急に売れ始めるにはワケがある ネットワーク理論が明らかにする口コミの法則』（ソフトバンククリエイティブ）

Blink: The Power of Thinking Without Thinking
邦訳『第１感「最初の２秒」の「なんとなく」が正しい』（光文社）

ビジネスにも直結するということで、ナシーム・ニコラス・タレブ Nassim Nicholas Taleb の話題書も２点紹介します。

The Black Swan: The Impact of the Highly Improbable
邦訳『ブラック・スワン 不確実性とリスクの本質』（ダイヤモンド社）

Fooled by Randomness: The Hidden Role of Chance in Life and in the Markets
邦訳『まぐれ 投資家はなぜ、運を実力と勘違いするのか』（ダイヤモンド社）

ただし、Malcolm GladwellよりはNassim Micholas Talebの方がかなり難しいので、どちらかというと、英語に自信がある人向けですね。

ほかには、ビジネス書の古典、ジェームズ・アレンJames Allenの*As a Man Thinketh*（邦訳『「原因」と「結果」の法則』サンマーク出版）は、すでに著作権が切れていて、日本のアマゾンからも電子版をタダでダウンロードできるので、お勧めです。こちらは本当に平易で美しい英語ですので、まずはダウンロードしてみるといいかもしれません。自己啓発の本を読んだことがある人は、その大本がこの本であることに気づくと思います。

第5章

「日本語なまり」で問題なし

――アウトプットのために

身近にあるチャンス

英語のアウトプット（話す、書く）の時間は、インプット（聞く、読む）の5分の1くらいでいいと思います。実際、毎日2時間も3時間もアウトプットするのは不可能ですから。日本語ですら、毎日口に出して話すのは、せいぜい数十分から1時間くらいでしょう。だから、目標としては、週1回、できれば2、3回、くらいの感じで英語をアウトプットしましょう。

積極的にアウトプットすることで、英語ができたという達成感を積み重ねられ、モチベーションの維持にも役立ちます。なんせ、これまで通じなかった英語か通じるようになるわけですから。

アウトプットは、英語学習のいろいろな局面で必要です。アウトプットは英語がかなりできるようになってから、と考えるかもしれませんが、外国語習得研究者も、私も、最初の段階から取り入れるべきだと考えています。そしてもちろん、かなり英語がうまくなってからでも、英語力の維持のために必要です。実際、私も海外に出張に行って数日英語を話し続けると、４日目くらいからはほとんど苦労せずに話せるようになってきます。まぁ、スポーツの技能と同じですから、定期的に使うことで、能力を維持強化するわけです。

さて、アウトプットの問題は、「相手」が必要だということです。

リスニングなら一人でできますが、アウトプットはそうはいきません。誰かに聞いてもらわないと、あるいは読んでもらわないと、こちらもモチベーションが湧かないわけです。英語日記をつけるといい、とアドバイスする人もいますが、日本語の日記ですら、ほとんど続かないのに、まして、英語で続くはずがないというのが私の持論です。すみません。

そこで、活躍するのが、英会話スクールや、英会話カフェ、スカイプ英会話、などの場所です。

前に書いたとおり、インプットが少ないのに、漫然と英会話スクールに通っても、英語力は伸びません。でも、一方でインプットに5倍以上の時間をかけているなら、英会話スクールなどが定期的なアウトプットのよい機会になります。

残念ながら、多少のお金はかかります。人を雇ったり、場所を借りたりするのだから、仕方ないです。

まあ、ネイティブの友達や恋人でもできればいいのですが、そう都合よくはいかないのが難点です。

あるいは、海外のサイトには、お互いに学びたい語学のパートナーを選んで、一緒に時間を共有するという勉強のスタイルもあります。こちらは英語のネイティブを探して、向こうは日本語のネイティブを探している。うまくマッチすれば、語学を効率よく学ぶことができるはずです。

ただ、私自身はそれをやったことはないので、本当にうまくいくのか、分かりません。やはり、ある程度の金銭的な負担を覚悟した方が、より条件に合った相手を選べますし、気に入らなかったら、先生や教室を変えるということもできるでしょう。

まだ英語がうまくできなかった頃は、会社で英会話レッスンを週に2、3回行っていましたが、The Economistなどの記事を元にディスカッションを行ったりして、新しい単語を理解したり、自分が知りたい概念を英語で言う方法を説明してもらったり、アウトプットに大変役立ちました。

また、私自身がよく実践する無料のアウトプットは、「外国人への道案内」です。私は実は、普段からよく路上で道を聞かれる人です。これは「道聞かれ顔」というのですが、私たちは道を聞きたいときに、見回して、なんとなく、教えてくれそうな人に声をかける習慣があるからです。要は、その人の醸し出している雰囲気で判断するわけです。で、なぜか、私は日本人の方にもいろいろな場所で声をかけられるのですが（別に、私だと分かって話しかけているのではなく、純粋に、道を聞きたいのです）、外国人からもたまに話しかけられます。それは、英語のアウトプットの絶好のチャンスです。

特に東京都港区など、外国人比率が高い都市だと、いつでも、どこでも、いろいろな人が困っています。あるいは、都内の地下鉄とかでも、多くの人が困っています。最近ですと、自転車に乗っている外国の人も増えていて、しかも、地図を広げていることが多いのです。

なので、話しかけられるのを待つだけではなく、こちらから積極的に Can I help you? と声をかけましょう。地図やガイドブックを広げている単独の人や、グループの外国人は、しょっちゅう見かけます。

英語での道案内はけっこう難しいですし、まして、日本語でも難しい、日本人でもよく迷う、複雑怪奇な東京の鉄道事情・駅事情を英語で説明するのは、そうとうに至難 challenging です。それだけに、勉強になります。

一番最近でチャレンジングだったのは、東京の海の方に近い「札の辻」という交差点で、新宿のヒルトンまで自転車で行くのに迷っている、という香港から来たカップルへの案内でした。これはけっこうハードルが高かったのですが、簡単だけれどもやや遠回りな道と、ちょっと複雑だけれども近い道のどちらがいいか聞いたら、簡単な方がいいと言うので、明治通りに出る方法を説明して、そこからは新宿への看板が出るから、それに従ってくれ、と説明しました。

こんな感じで会話に慣れていくと、「英語でこう聞かれたら、こう答えよう」というのがだんだんとたまっていきます。あなたの勉強がノってくれば、たとえば映画を観ていても、登場人物の次の英語のセリフを頭の中で予想していたりします。それが習慣化すると、「英語で考える」ことができます。気がついたら英語で考えていた、そうなれば、あなたの英語は上級に近づいています。海外にしばらく行くと、英語の夢をみたり、自分が夢の中で英語で話していることすらあります。

いまも、英語で交通案内と聞いて、頭の中でシミュレーションが始まっていれば、合格です。Take the Chuo line, change at Yotsuya station……とか。

ちなみに、２０２０年の東京オリンピックが決まって、日本への観光需要に期待が高まっているわけですが、日本が「観光立国」になれない、その障害としていつも言われるのが、日本人が英語ができないことです。日本を訪ねてきた外国人を案内できない。それでは困るので、ここは日本のためにも、頭の中で「英語での道案内」をシミュレーションしておきましょう。以前、セネガルという国に行ったときに、カフェの店員さんも、タクシーの運転手さんも、フランス語しかできないため、ちょっと出歩くにも大変不自由しましたが、きっと、日本に来た外国人の方も同じような不安を感じているのだと思います。

ほかにも、たとえば職場に外国人から電話がかかってきたら、率先して取るとか、やってみたいですね。電話での英語というのも慣れていないとけっこう難しいので、うまくいけば、職場にあなたの英語力をアピールする絶好の機会になるかもしれません。

リスニングの準備として高校レベルの単語の復習を勧めたように、アウトプットのための準備としては、基本的な例文を２００とか３００とか、覚えておくことは有効です。これも、１０００も覚える必要はありません。数百で十分なのです。また、この数百も、すっごくたくさんヒアリングをしていれば、必ず出てくるような基本例文のはずですから、覚えようと思えば意外とすーーっと入っていくと思います。

ここでもあまり完璧主義で暗記する必要はないですが、たとえば、May I have ～?のような便利なフレーズをいくつか覚えておけば、すぐ使えます(May I have coffee?コーヒーをください May I have Mr. Kimura? 木村さんをお願いします)。そういう重要フレーズ集みたいなものは、たくさん本で出ているので、参考にしてください。このときも、完璧主義で覚えすぎないこと。日常生活やビジネスで使いそうになるものだけで十分です。

「なまり」を恐れずに

いずれにせよ、アウトプットで必要なのは、あなたの積極性です。

そして、日本人のアウトプットの積極性を奪う、最大の障害物といえば、そう、「発音の不安」です。日本語は英語と言語距離が遠いのですが、発音も遠く、これは「負の転移」といいますが、どうしても、日本語の発音に英語が引っ張られてしまうのです。

これはもう、日本語がネイティブである以上、どうしようもないです。

では、なぜ、日本人は、そんなに発音に気を使うのでしょうか？ たとえば、あなたは、外国人が日本語で話すときに、それが発音が悪いからといってバカにしますか？

いいえ、決してしないはずです。

それなのに、よくある笑い話に、外国人から Can you speak English? と聞かれて、I can't speak English. と答える日本人が多い、というのがあります。

この話の笑いどころは、英語をちゃんと聞き取り、ちゃんと英語で答えているのに、「英語ができない」と言っている矛盾です。外国人としては「しゃべれるじゃん」とツッコミたくなるところですし、場合によっては、意地悪されているような、不親切な対応として、怒りを招くでしょう。

でも、日本人として、I can't speak English と言いたくなる心理は分かります。本当は I can't speak English very well とか、I can't speak English fluently と言いたいのかもしれませんが、いずれにせよ心の声としては、

「私は英語がヘタで、うまく発音できない。あなたや周りに聞かれると恥ずかしいので、私に英語をしゃべらせるのはカンベンしてほしい」

みたいなことだと思います。消極性ですね。

相手は完璧な英語を求めているわけではないし、現に通じているのだから発音もOKなわけですが、それでも不可解なほど消極的になる。それほど、「発音の不安」の呪縛は強いようです。

東京外国語大学名誉教授で、米ワシントン大学客員教授も務めた歴史学者の岡田英弘さんは、日本人はアメリカ人に比べて発音に敏感だと書いています。

> 発音が違うとか、調子が違うとか、上げ下げが違うとか……(略)……アメリカ人はわりあいに鈍感だが、日本人はことさらに敏感で、言葉を聞くことによって、こいつは自分とは違う、ということを感じる。
> (「民族とは何か」『岡田英弘著作集Ⅰ』藤原書店、65ページ)

もしかしたら、周りが同じ日本語を話す人間ばかりなので、かえって微妙な差異に敏感になるのかもしれません。日本人同士でもなまりがあることを気にする人が多い文化ですが、それが、英語にも影響しているのかもしれません。

でも、英語というのは、ネイティブを除いて、しょせん第二言語ですし、いわゆる「文化語」というもの、道具としての言語です。コミュニケーションのための道具です。要するに、通じればいいのです。

ここで、この本で、あなたの「発音の不安」をぜひ払拭してほしいのです。

東京生まれの私にはあまり分からないのですが、英語の発音の不安は、方言のなまりを恐れる心理に近いのかもしれません。いわゆる「恥」の文化ですね。しかし、それは時には美徳になりますが、時にはあなたの英語の上達の足を引っ張ってしまいます。

残念ながら、あなたの英語の「日本語なまり」は決して消えません。韓国人の英語には韓国なまりがあり、中国人には中国なまりが、フィリピン人にはフィリピンなまりがあります。

米国に行けば、そういう「なまり」ある英語どうしが日常的に会話しています。英語というのはそういう言語です。いちいち差異を気にしていられません。「なまり」は恥ずかしくないのです。もちろん、アメリカ人だって、それぞれの州のなまりがあり、また、イギリスやオーストラリアにはまた別のなまりがあります。シンガポールなどは、聞き取るのに苦労するほどの、中国英語になります。それでも、み――――んな堂々と話しているわけです。

私たちも、堂々と「日本なまりの英語」を話してください。このあと説明しますが、実は、日本語なまりがあっても、ちょっとしたポイントだけ押さえれば、意外なくらい通じます。

日本語なまりの英語とは、典型的には、子音で終われず、最後に母音が混じる、catがキャットォに、dogがドッグゥになるものです。

私は実際にネイティブから聞きましたが、こうした日本語なまりの英語は、母音の部分が歌っているように聞こえて美しく、耳に決して不快ではないそうです。

「日本語なまりの英語は恥ずかしい」という思いとは、ここで永久にサヨナラしてください。だって、別に母音が入ったとして、な——んの問題もないです。最初の子音がしっかり発音できていれば、余計な母音が入っても、相手はなんの単語か、高い確率で想像できるからです。キャットォと発音して、それが、catoではなくcatであると、ネイティブの人は簡単に分かるでしょう。なぜなら、catoという単語がないからです。

カタカナ英語が突破口

　そんなことといっても、私も最初は発音で苦労しました。社会人１年目、アメリカに研修に行ったら、通じない、通じない。で、おもしろかったのが私の英語を聞いて、言語距離が近い、中国や韓国のアジア圏の人たちが「彼女はたぶん、こういうことを言いたいんだと思うよ」と通訳してくれたことでした（笑）。彼らは、私の日本語英語でも、ちゃんと聞き取れるし、意味をくんでくれていたのです。おもしろいですよね。

　私の発音の勉強の足を引っ張ったのは、あの「発音記号」でした。あの通りに発音しなさいと言われても、あんなに発音記号があると覚えきれません。まして、それが組み合わせになると、そんなもん、読めるくらいなら発音できるよ、とつっこみたくなるくらいでした。

　発音に関する本をいろいろ読みましたが、読む本、読む本に出てきます。あの記号へのアレルギーで英語嫌いになる人、けっこういると思います。あの発音記号の通りにがんばって舌とアゴを使いながら発音の練習をせっせとしている人、この本を今読んでいる人の中でも多いのではないでしょうか?

そして、英語の本を乱読するうちに、突破口がありました。英語の発音を、発音記号ではなく、カタカナで記した本に出会ったのです。あれが、私にとって、発音はもとより、英語学習自体の突破口になりました。

苦手な発音記号とは、それでお別れできました。その本のカタカナ発音を参考に、あとは実戦でアウトプットして修正していったのが、おおざっぱにいえば今の私の英語です。でも、このことを実行してから、びっくりするくらい、カタカナ英語でも通じるようになったのです。

具体的なポイントは後でお話ししますが、要は、まずは発音をカタカナに置き換える、そして、それを練習する、その繰り返しです。「チョコレート」が「チョックレイツ」ぐらいに聞こえれば、それで十分通じます。なぜなら、私たちは相手にチョコレートを単語で話すことがなく、前後に必ず文脈があるからです。ケーキなのか、飲み物なのか、甘いなのか、分かりませんが文脈の方がより重要です。

「だから、お前の英語はカタカナ英語だ」

と揶揄《やゆ》されるかもしれませんが、それで構いません。

いつまでもあの発音記号というのに悩まされていたら、アウトプットが遅れ、英語自体の上達が遅れたでしょう。

カタカナで発音を覚えるというのは、英語の先生とかからはバカにされるかもしれません。それは人によるかもしれませんが、とにかく私には合っていました。現に通じているのだから、問題はないのです。

発音において、いちばん問題なのは何でしょうか。

前述のように「なまり」は問題ではありません。問題なのは、コミュニケーションを妨害する要素です。ネイティブや他国の英語の話者に、別の言葉に聞こえたり、無意味で余計な情報になるような音は、極力避けなければいけません。相手を混乱させ、コミュニケーション自体が成り立たなくなるからです。だから、文脈の中で相手の理解を超えるまでの発音ミスはさすがに避けましょう、ということです。

というわけで、これから、私が実戦で得た、「これだけ注意すれば、だいたい通じるよ」という発音のポイントを、カタカナを駆使してお伝えしましょう。

母音の干渉

先ほども言ったように、日本語は「母音言語」と呼ばれ、すべての語尾に母音がつく比較的珍しい言語です。一方、英語は「子音言語」で、子音で終わる言葉が多い。母音言語を母語にもつ私たちは、子音言語の英語を話すと、どうしても余計な母音を引きずります。

それが「なまり」の範囲ならいいのですが、ありがちなのは、すべてのtに母音がついて、「スィートオ」「チョコレートオ」みたいになること。そうなると、ネイティブには余計な音が多すぎて、伝わらなくなってしまいます。母音のつきすぎに注意するのは、やはり私たちにとって、発音の注意点の第一です。

ちなみに、子音言語が母語の彼らは、母音言語の日本語の発音で難渋します。私たちは母音が連続する言葉や、「ん」と母音が連続する言葉などを簡単に言えますが、けっこうこれ、子音言語の人たちは大変みたいです。たとえば「井上さん」の井上Inoueというように、oueと母音が続くものは、まず英語のネイティブの人たちは発音できません。

ＷＨとＴＨ

ＷＨは、ネイティブを混乱させる日本人の発音が出てしまうつづりの典型です。

たとえば、

What is this?

と発音してみてください。

多くの日本人の発音は、ネイティブが聞くと、

Fat is this?

「これがデブ？」みたいに聞こえます。カタカナで書けば、「ファットイズジス」。つまり日本人はwhatを「ファット」みたいに言う。

でも、このｈはほとんど発音しないので、「ワット」の方がずっと近い発音です。さらに、頭に小さい「ゥ」を入れるようなイメージで、

「ゥワット」

と言うと、伝わりやすくなります。when、whereなども同様です。

それに似ているのに、ＴＨがあります。This isは「ジスイズ」ではなく、「ディスイズ」が近い。

ＷＨやＴＨの発音に注意すべきなのは、疑問形で頻出することに加え、会話や文の冒頭に現れることが多いからです。相手に通じない音を最初から与え、「?」と思われると、スタートでつまずいてしまいます。とにかく、ＷＨをＦの音で発音しなくなるだけでも、格段にコミュニケーションがスムーズになります。

ＳとＳＨ

次に、ｓとｓｈの発音です。

日本人はよく「彼女 she」と「海 sea」の発音が、逆になってしまったり、同じになってしまいます。

sheは「シー」で、seaは「スィー」です。でも日本人はどちらも「シー」と言いがちです。それは日本人が、ｓの「スィ」の音を知らないからです。

ｓｈのときは、日本語の「サシスセソ」に近いから簡単です。

それ以外のｓのときは、これが「スァスィスゥスェスォ」になる、と覚えておきましょう。

このｓとｓｈの混同で、単語の意味が取り違えられたり、意味不明の言葉になったりします。

たとえば、

singer（歌手）

「スィンガー」のように発音するのが正解ですが、日本式に「シンガー」と発音すると、ネイティブにはたぶんcingerのように聞こえます。cingerという単語は、エキゾチックな固有名詞でありうる以外、英語にないので、相手は混乱するでしょう。

このｓの例は、こちらの意図と違う意味を与えてしまう例。先ほどのｔに母音がつく例は、余計な情報を足してしまう例。相手を混乱させる英語の発音には、この２パターンがあることを覚えておいてください。これも慣れてしまえばだいたい大丈夫です。とにかく、ｓｈはサシスセソ、ｓだけだったら、スァスィスゥスェスォです。ローマ字表記でも、ｓｈｉと書くのはそのためですね。

BとV

bとvの音の違いもよく問題にされます。vの音が日本語にないからです。ただこれは、violinを「バイオリン」ではなく、「ヴァイオリン」と表記するように、昔から日本語のカタカナでも意識されてきました。

私の経験では、bとvの違いは、それほど神経質にならなくても案外伝わります。vinegar（酢）は、「ヴィネガー」ですが、これが「ビネガー」になっても、紛らわしい言葉がないからか、vinegarのことだろうと思ってもらえるみたいです。まぁ、気にするのであれば、vの時に少しだけ唇をかんで「ビ」といえばOKです。

RとL

最後にrとlですが、苦手意識を持たず、気楽に行きましょう。

まずLの方は、日本語の「ラリルレロ」に限りなく近い、と覚えましょう。

そして、Rの方は、舌の位置が……なんて言い始めると、イヤになってしまいます。
Rは、頭に小さな「ゥ」がつく、と覚えてください。
right（正しい、右、など）
は、「ゥライト」です。それで、自然に舌が巻くようになります。そう、1の時には
そのまま、rのときには、小さなゥをつけてから発音する、それだけで大まかのことは
ほとんど解決します。

以上で、発音については終わり！　ほら、たったの5ページで終わっちゃいました。

信じられないでしょう？　でもやってみてください。

英語の音楽性

――と言いつつ、発音に関して、1つ付け加えておきたいことがあります。

私は英語の授業で、先生にこう言われたことがあります。

「あなたはケイデンスが悪いから、それを直せばいい」

ケイデンス cadenceとは、抑揚、リズムのことです。日本語にはない概念ですが、間、とでもいえばいいのでしょうか。

クラシック音楽をやっている人にはおなじみのカデンツァと同根の言葉、いわば言葉の音楽性を指します。

私たちの日本語は、ぜんぶがひとつの音程になっていて、音と音の切れ目をブランクで埋める言葉です。ですが、英語はブランクでなく、リズムで間を取るんですね。

そういう違いがあるから、私たちが平坦に英語を話すと伝わりにくいということがあります。ですから、向こうのリズム、つまりケイデンスに合わせて話す必要があります。

たとえば、外国人がやたらによく使うフレーズ、

first of all（最初に～）

日本人ならみんな、

「ファースト・オブ・オール」

と平坦な発音でいうと思うのですが、ネイティブは

「ファスタボー」

みたいに言います。リズムが全然違いますよね。こういうケイデンスは、とにかく英

語をたくさん聞いて、まねして、身につけるしかありません。とはいえ、無理にまねすることはないですよ。まずは聞き取れること、次いで、なるべくそういうイメージに合わせること、で通じやすくなります。

フィリピン・プチ留学体験記

英語をたくさん聞きましょう？　そんな時間はない！

チマチマやるのはイヤだ。集中して、すぐに英語ができるようになりたいんだあ！

という方には、プチ留学がいちばんです。

というわけで、最後に、フィリピンのリゾート地、セブ島での英語コースを紹介しましょう。リゾートで遊びながら、英語も学んでしまおうという贅沢な企画です。

2012年の夏、私は、私が主宰する「勝間塾」の仲間たちと、セブ島英会話学校ツアーを開催しました。

ご存じの方も多いと思いますが、フィリピンのセブ島には、韓国資本の英語学校がたくさん建っています。観光を兼ねた英語集中合宿のためです。韓国人の英語力の秘密がここにあります。韓国の大学生の3人に1人はここを訪れると言われます。

私たちも、エージェントは日本人でしたが、学校は韓国系資本の英語学校に1週間滞在しました。

フィリピン語学ツアーの魅力は、まず料金が安いこと。同じ期間アメリカやイギリス、オーストラリアに行こうとすると、人件費も土地代も日本とほとんど変わらないため、英語のレッスンにはかなりのお金が必要になってきます。一方、フィリピンは為替レートの関係から、人件費や土地代などの物価が安いので、授業料もとても安いのです。なんと、フィリピン大学を優秀な成績で卒業した先生たちの月給が1万~2万円なのです。平たく言うと、私たちが英語のレッスンを受けるときに、日本人から受けるおおよそ10分の1の値段で受けることができるようになります。

また、アメリカやヨーロッパと違って、飛行機で近い上、時差もほとんどないので、体もラクですし、日本と連絡をとるのにも便利です。治安もみなさんが心配するほどは悪くありません。泊まるところも、学校の簡素な寮から豪華なホテルまで、自分で選ぶことができます。

私たちは一週間のコースに参加しましたが、もっと長いコースもありました。休暇が取れる人は、1カ月から数カ月くらい滞在するようです。フィリピンは滞在費自体そんなにかからないので、いられるだけ滞在するのがお得でしょう。1週間くらいだと、飛行機代と滞在費が同じくらいになってしまいますので15万円くらい必要ですが、1カ月だと、だいたい飛行機代も含めて20万～25万円もあれば十分です。

セブ島で英語を教えてくれるのは、フィリピン大学の教育学部を優秀な成績で卒業した、しかもかわいい、あるいはハンサムな先生たちです。ほんと、現地に行くと分かりますが、びっくりするくらい、優秀です。

彼らは第二外国語としての英語の教え方を身につけているので、日本の英会話学校のアルバイト先生よりはるかにいい授業をします。また、常勤のため、スカイプなどで日本人の相手をしている人たちよりも、給料がいいので、より優秀な人が来ているそうです。フィリピンだとなまりがあると心配する人も多いと思いますが、まったくありません。だからこそ、英会話学校が成立するのです。

ただし、注意していただきたいのは、ここで教えているのは、あくまで「英語の基礎」です。ここで習ったからといって、いきなり、ビジネスの英会話ができるわけでも、ビジネスの議論ができるわけでもありません。相手は大学を出たばかりの先生たちで英語の先生であって、ビジネスの先生ではありません。もし、ビジネス英会話を学びたいのであれば、さらに上級に進むか、自分でしっかりとオーディオブックやTEDを学ぶ必要があります。しかし、多くの人はそこまでいく手がかりもありませんから、その基礎を作るためにセブ島で学ぶわけです。

そんなに厳しい先生たちではないですが、生徒の人数が少ないので、できないと目立ちます。周りもわざわざ語学留学に来るほどですから、意識の高い生徒ばかりで刺激を受けます。

授業は、マンツーマン、1対4、グループレッスンがあり、朝から夜まで英語漬けになることができます。

まず入塾試験があって、レベル別に振り分けられます。ライティング、リーディング、スピーキング、リスニングなど項目別にレベル分けされてから、自分で授業を選択することができます。

マンツーマンの授業は柔軟性があって、自分の興味のあるテーマに沿ってカスタマイズすることができます。プレゼンができるようになりたいといえば、そのための授業ができます。

韓国系資本のツアーだったので、生徒には韓国人の学生が多かったですが、日本人の社会人も多くいました。

１対４の授業では、韓国人２人と私たち日本人２人で、理想の乗り物を作ってそれを英語で解説する、というものに参加しました。けっこう表現力が問われて厳しかったですが面白かったです。

ＣＮＮニュースの聞き取りテスト、なんていうのもやりました。愕然としたのは、一緒に受けた韓国人たちはみんなできているのに、日本人はほとんど聞き取れていなかったこと。24個の空欄を埋めるという問題だったのですが、日本人は５～６個しかできないのに対して、韓国人は平均15～16個できます。ＣＮＮのトピックは、エコタクシーの話と、携帯電話の話だったのですが、日本人は英語に疎いことはもちろんのこと、その内容自体に疎くて、聞き取れないのです。まさしく、日常からガラパゴス日本の情報しか手に入っていない罠だと感じました。

韓国では英語ができないと就職できないので、学生でも私と同じくらい英語ができる人がほとんどです。このＣＮＮの授業では、ＴＯＥＩＣの英語がいかにゆっくりだったか分かった、と言っていた人もいました。

この留学、どのくらいで効果がでるかというと、本気でやれば1～2週間で自分の英語の変化が分かります。1日10時間くらい、つまり食事と睡眠以外は英語の時間ということですから、まさに英語漬けです。義務の授業が6時間くらいで、そのほか、4時間くらい、任意に参加できる仕組みです。任意のクラスに参加しても、費用は同じです。

週1回の英会話教室に何年も通うのだったら、この一週間で集中して勉強したほうがずっと早く身につくのは確か。お勧めです。

ただ、いいことばかりではなく、私には寮の食事がきつかった!! 韓国料理は好きなのですが、ここの食事はキムチとかは私の口に合いませんでしたので、スーパーで買い物をして、IHクッカーと鍋を買って、毎日自炊していました。物価が安いので、炊事道具を買いそろえても高額にはならず、あとは、お米と野菜とお肉を買ってきて、自炊です。この自炊道具一式はそのまま学校の寮に置いてきてしまったのですが、代々、日本人留学生の家族連れに重宝がられていると聞いています。

最近はセブ島でも、上記のような食事の好みの問題などがあり、日本資本の学校がつくられています。どこの学校がいいか、最新情報の収集も不可欠です。もし興味を持ったら、積極的に説明会などに参加してみてはいかがでしょうか？

中身が肝心

英語の話の締めくくりに、私が最近痛感していることでまとめます。私たちが英語で会話をするときに必要なのは、コミュニケーションを成り立たせているのは、言葉の表面だけではない、むしろ話の中身だ、ということです。

私は、あなたに、ただ「英語ができる」だけの人になってほしくありません。英語のうまい人、発音の上手な人はたくさんいます。でも、そういう人たちの話を、外国人が聞いてくれるかというと、必ずしもそうではない。そういう例を私はたくさん見てきました。

いくら発音がよくても、話に筋が通っていなかったり、情報が少なかったり、内容が狭い層にしか訴えないことだったら、多くの人は聞いてくれません。そっぽを向かれます。そうすると、何のために英語を勉強したのか、ということになるでしょう。

逆に、あなたの英語が未熟でも、あなたの話に中身があれば、人は聞いてくれます。

これは私にも経験があります。

JPモルガンでの通信アナリスト時代、私の英語は今に比べて未熟でしたが、それでも、日本の携帯電話の料金システムなどは私から聞くしかないから、ネイティブの投資家たちは熱心に耳を傾けてくれました。私よりも英語ができるバイリンガルのアナリストはたくさんいましたが、私は彼らよりも通信のシステムに詳しかったので、多少聞きづらくても、中身のあるこちらの話を選ぶわけです。実際、外国人投資家を同行して、ずいぶんといろいろな企業を回って、通訳を務めました。なぜなら、通常の通訳者は、企業側の言っていることを理解できないため、英語が分かっても通訳ができないからです。そして、その場で私であれば、議論に参加し、アドバイスもすることができます。

大人の英語で問われているのは、発音などより、話の中身、ということです。あなたの知識の専門性や、人生経験、人間的魅力、識見や哲学があってこそ、言語の壁を超えて、外国人はあなたの言葉に耳を傾けます。

あなたがすでに立派に人生を生きてこられ、人に語るだけの中身を蓄えているなら、あなたの英語に多少の難があっても、有益なコミュニケーションができるでしょう。

SF作家で評論家の豊田有恒さんが、私が思っていることと同じことを書いていました。

最近は、話す英語が重んじられているが、いくら発音が流暢でも、語彙も内容もない話では、なんにもならない。……（略）……亡くなった小松左京の英語は、カタカナをそのまま話しているようなものだったが、ちゃんと通じているし、相手の言うことを理解していた。発音はよくないが、彼の膨大な知識と教養が、そのまま伝わるからこそ、相手の欧米人の尊敬を勝ち得たわけである。

（豊田有恒『韓国が漢字を復活できない理由』祥伝社新書、１９７ページ）

私は本書で、語彙を増やすように強調し、映画やオーディオブック、読書を勧めましたが、それも同じ思いです。英語を学びながら、あなたが話す「内容」を充実させることと、つまりは中身を磨くことが大事だと思ったからです。あなたの語彙が豊富で、最低限の発音のチェックポイントさえクリアしていれば、あなたが思っているよりも、ほとんどの英語は通じるのです。

しかし、世の中の多くの英語学校や、専門書は、そんなことを言ってしまっては身もふたもないため、発音記号を教えたり、些細な違いを説明したり、ＴＯＥＩＣの受験対策に時間を使ってしまっています。

あなたに必要なのは、「英語」＋「中身」であって、それは同時並行的に勉強していくのが、一番の近道なのです。

ぜひ、英語で第2の人生の扉を開いてください!!

勝間和代（かつま かずよ）

1968年、東京都生まれ。経済評論家。

早稲田大学ファイナンスMBA、慶應義塾大学商学部卒業。当時最年少の19歳で会計士補の資格を取得、大学在学中から監査法人に勤務。アーサー・アンダーセン、マッキンゼー、JPモルガンを経て独立。現在、株式会社監査と分析取締役、内閣府男女共同参画会議議員、国土交通省社会資本整備審議会委員、中央大学ビジネススクール客員教授として活躍中。少子化問題、若者の雇用問題、ワークライフバランス、ITを活用した個人の生産性向上など、幅広い分野で発言をしており、ネットリテラシーの高い若年層を中心に高い支持を受けている。著作多数、累計発行部数は480万部を超える。

最後《さいご》の英語《えいご》やり直《なお》し!

印刷　2014年2月15日
発行　2014年2月28日

著者　勝間和代《かつまかずよ》

発行人　黒川昭良
発行所　毎日新聞社

〒100-8051　東京都千代田区一ツ橋 1-1-1
出版営業部　03-3212-3257
図書編集部　03-3212-3239

印刷　中央精版印刷株式会社
製本　大口製本印刷株式会社

ISBN 978-4-620-32241-4